Que horas são...
lá, no outro lado?
América e Islã no limiar da Época Moderna

Coleção
HISTÓRIA & HISTORIOGRAFIA

Coordenação
Eliana de Freitas Dutra

Serge Gruzinski

Que horas são...
lá, no outro lado?

América e Islã no limiar da Época Moderna

Tradução
Guilherme João de Freitas Teixeira

Colaboração
Luís Guerreiro P. Cacais

autêntica

Copyright © Paris, Éditions du Seuil, col. "L'univers historique", 2008
Copyright © 2012 Autêntica Editora

COORDENADORA DA COLEÇÃO HISTÓRIA E HISTORIOGRAFIA
Eliana de Freitas Dutra

TÍTULO ORIGINAL
Quelle heure est-il là-bas? - Amérique et Islam à l'orée des temps modernes

TRADUÇÃO
Guilherme João de Freitas Teixeira com a colaboração de Luís Guerreiro P. Cacais

REVISÃO TÉCNICA
Vera Chacham

PROJETO GRÁFICO DE CAPA
Teco de Souza
(Sobre imagem de The Astronomer, Johannes Vermeer)

EDITORAÇÃO ELETRÔNICA
Christiane Morais de Oliveira

REVISÃO
Vera Lúcia De Simoni Castro

EDITORA RESPONSÁVEL
Rejane Dias

Revisado conforme o Acordo Ortográfico da Língua Portuguesa de 1990, em vigor no Brasil desde janeiro de 2009.

Todos os direitos reservados pela Autêntica Editora. Nenhuma parte desta publicação poderá ser reproduzida, seja por meios mecânicos, eletrônicos, seja via cópia xerográfica, sem a autorização prévia da Editora.

AUTÊNTICA EDITORA LTDA.

Belo Horizonte
Rua Aimorés, 981, 8º andar . Funcionários
30140-071 . Belo Horizonte . MG
Tel.: (55 31) 3214 5700

Televendas: 0800 283 13 22
www.autenticaeditora.com.br

São Paulo
Av. Paulista, 2073 . Conjunto Nacional
Horsa I . 11º andar . Conj. 1101 . Cerqueira César
01311-940 . São Paulo . SP
Tel.: (55 11) 3034 4468

Dados Internacionais de Catalogação na Publicação (CIP)
(Câmara Brasileira do Livro, SP, Brasil)

Gruzinski, Serge
    Que horas são... lá, no outro lado? : América e Islã no limiar da época moderna / Serge Gruzinski ; tradução Guilherme João de Freitas Teixeira com a colaboração de Luís Guerreiro P. Cacais. – Belo Horizonte : Autêntica Editora, 2012. – (Coleção História e Historiografia; 7 / coordenação Eliana de Freitas Dutra)

    Título original: Quelle heure est-il là-bas? : Amérique et Islam à l'orée des temps modernes.
    Bibliografia
    ISBN 978-85-7526-602-1

    1. Império Islâmico - História. 2. Islã - História 3. Países árabes - História - 1517-1979 I. Dutra, Eliana de Freitas. II. Título. III. Série.

11-14383   CDD-909.0917671

Índices para catálogo sistemático:
1. Biografia e história 907.2

Para Line
Para Jean-Michel

AGRADECIMENTOS

Sanjay Subrahmanyam chamou minha atenção para a crônica turca que serviu de ponto de partida para minha reflexão. Ele me orientou em um Oriente que me era pouco familiar. Gilles Veinstein releu um manuscrito ainda bastante imperfeito, apontando lacunas e erros casuais. E fez o obséquio de me transmitir sua visão do mundo otomano.

Os estudantes, os colegas e os amigos que participam do seminário animado por mim na EHESS [École des Hautes Études en Sciences Sociales] tornaram objeto de debate a maior parte das páginas seguintes.

Com seu paciente trabalho de editor, aliando ofício e compreensão do texto, Agnès Fontaine contribuiu para transformar este manuscrito em livro. Finalmente, Monique Labrune consentiu em incluí-lo nas coleções que dirige.

A todos, meus agradecimentos e devotamento.

SUMÁRIO

Introdução.. 11

Capítulo 1 – Istambul/Cidade do México: o ponto de vista
dos eruditos.. 15

Capítulo 2 – "E que horas são... lá, no outro lado?"............. 31

Capítulo 3 – A Internacional dos cosmógrafos.................. 51

Capítulo 4 – Antuérpia, filha de Alexandria..................... 67

Capítulo 5 – Histórias do mundo e do Novo Mundo........ 85

Capítulo 6 – A história do mundo está inscrita no firmamento 103

Capítulo 7 – O Islã no âmago da monarquia.................. 123

Capítulo 8 – O Islã no Novo Mundo............................ 141

Capítulo 9 – Pensar o mundo...................................... 157

Conclusão – Que horas são... lá, no outro lado?............. 171

Siglas.. 174

Referências.. 175

Introdução

> *O amanhecer em determinadas regiões corresponde,*
> *em outras, ao anoitecer; quando desperta o dia em uma,*
> *cai a noite em outras de tal modo que, na hora em que é meio-*
> *dia na Cidade do México, para os nossos antípodas, aqueles*
> *que habitam exatamente sob os nossos pés, é meia-noite; e, no*
> *momento em que o Sol se ergue, aqui, ele se põe nessas regiões.*
> Heinrich Martin (HM, p. 103)

Que horas são... lá, no outro lado? é uma história de mundos que se cruzam, sem jamais se encontrarem; esse é o título de um filme de Tsai Ming-Liang, lançado em 2001.[1] Desde o final do século passado, alguns cineastas asiáticos vêm explorando, incansavelmente, as transformações do globo e dos imaginários. Coreanos, taiwaneses, chineses, japoneses, indianos ou tailandeses acompanham ou antecipam em seus filmes os efeitos da globalização nessa vasta região do mundo. *Que horas são... lá, no outro lado?* faz parte daquelas obras que permanecem assombrando a mente do espectador, durante muito tempo após sua projeção. Sua trama é simples, até mesmo quase imperceptível para ser objeto de uma narração: em Taipei, uma jovem detém-se no estande de um vendedor de relógios e tenta convencê-lo a ceder-lhe o que ele traz no pulso. A chinesa anda à procura de

---

[1] No original, *Quelle heure est-il là-bas?*. O título original do filme é *Ni Neibian Jidian*; no Brasil, foi exibido com títulos diferentes: *Que Horas São Aí?* (em São Paulo) e *A hora da partida* (no Rio de Janeiro). (N.T.).

um relógio que indique a hora de Paris e, ao mesmo tempo, a de Taipei. O vendedor fica sabendo que, no dia seguinte, ela viaja de avião para a França. Obcecado e fascinado pela cliente, o jovem comerciante vai tentar, por todos os meios, aproximar-se dela e abolir o tempo e a distância que separam Taipei e Paris. Acerta os relógios da capital taiwanesa pela hora francesa e vai à busca de imagens da Cidade-Luz. Uma cópia em vídeo de *Os incompreendidos* [*Quatre Cents Coups* (1959)] há de franquear-lhe a passagem para o outro mundo. E, enquanto em Taipei o modesto vendedor de relógios sonha encontrar-se "lá, no outro lado", a jovem chinesa passeia pela Paris dos bares, dos metrôs e dos cemitérios, cruzando, sem o saber, com Jean-Pierre Léaud, o inesquecível herói do filme de Truffaut.

Que horas são... lá, no outro lado? serve-se do desejo irreprimível de vencer a barreira do espaço e do tempo, abolindo o fuso horário e inventando sucedâneos do Alhures cobiçado. Os planos-sequências sucedem-se sem qualquer ligação, sublinhando a fratura de um universo dilacerado entre Taipei e Paris. Encontros abortados, coincidências sem continuidade, assim como episódios de sabor doce-amargo, tentam, sem sucesso, pôr um termo à solidão dos jovens, esboçando uma geografia imaginária do que poderia ligá-los um ao outro.

Por que motivo basear-me nesse filme que leva à perfeição a arte da elipse em torno de uma narrativa demasiado intimista ou demasiado banal para ter direito a figurar em um arquivo qualquer? *Que horas são... lá, no outro lado?* despertou em mim as interrogações que permeiam este livro. Descobre-se nesse filme o surgimento inesperado de outros universos, a preocupação repentina pelo Alhures, o encurtamento brutal das distâncias, a confrontação dos mundos, mas também, e com a mesma ênfase, a irredutibilidade das temporalidades, além da impermeabilidade dos períodos do passado e das memórias. Há muito mais tempo do que se crê, esta questão – *Que horas são... lá, no outro lado?* – tem aberto perspectivas inauditas de aprendizagem e enriquecimento, do mesmo modo que tem sacrificado um grande número de seres humanos e de civilizações. Não é um acaso se, nos filmes de Tsai Ming-Liang, justaposição e conjunção de mundos rimam com dilaceração e exacerbação das solidões; mas, além de um problema individual, a incomunicabilidade entre as pessoas é uma questão de sociedade.

A globalização é uma experiência paradoxal. Ela nos impele a hábitos de consumo, ao lazer e ao imaginário que nos unem inextricavelmente uns aos outros. Filmes, rádios, redes de televisão, aparelhos portáteis e internet submergem-nos em um fluxo ininterrupto de informações, imagens e modas lançadas de todos os cantos do planeta. A tal ponto que, se não tivermos a nossa ração cotidiana de notícias do globo, sentimos logo a impressão de carência, como se já não pudéssemos ignorar o que se maquina alhures, em outras terras, entre outros seres. No entanto, esse sentimento constante de imediatez e ubiquidade não passa, frequentemente, de um logro.

A crescente abertura de nossa relação com o mundo esbarra continuamente com antigas maneiras de sentir e de perceber as coisas. Em escala planetária, dia após dia, surgem outros espaços de contensão que vêm refrear o rápido desenvolvimento de uma "consciência-mundo", reciclando uma grande quantidade de fantasmas e imaginários. A sombra do terrorismo, o medo irrefletido do Islã, o espectro do império norte-americano, as obsessões fundamentalistas de todos os horizontes, os alarmes apocalípticos, ecológicos ou epidemiológicos, são alguns dos venenos que contaminam ou obstruem nossa abordagem do mundo. Eis o que será conseguido tanto mais facilmente na medida em que o Alhures, por mais infatigavelmente midiatizado que seja hoje em dia, nem por isso se tornou mais conhecido e familiar. Eis o que é demonstrado, semana após semana, pelas estreias cinematográficas. Para uma película – *Babel* (Alejandro González Iñárritu, 2006), filme que faz a análise magistral dos vínculos entre as diversas partes do mundo –, quão grande é o número de fitas – entre outras, *Apocalypto* (Mel Gibson, 2007) ou *300 de Esparta* (Frank Miller, 2006) – que nos têm submergido em imagens repletas de pesadelos relativamente ao Outro e ao Alhures?!

Que horas são... lá, no outro lado?. Este livro gostaria de esquadrinhar essa interrogação, demonstrando que ela não se reduz aos efeitos acumulados e recentes das tecnologias da comunicação; pelo contrário, ela conheceu precedentes longínquos que a análise histórica contribui para trazer à luz. Ela é o fruto do desmantelamento progressivo de universos compartimentados, físicos e mentais, enraizados durante muito tempo na terra, na nação, na raça, na religião ou na família. Esse desmantelamento passou por uma prodigiosa aceleração no limiar da Época Moderna, como é revelado pelos dois testemunhos que vamos explorar minuciosamente, e que nos vão impor a obrigação de navegar entre a América e as terras do Islã, muito antes que as imagens de 11 de setembro de 2001 invadissem nossa cabeça.

Belém do Pará, agosto de 2005.

Paris, agosto de 2007.

CAPÍTULO I

Istambul/Cidade do México: o ponto de vista dos eruditos

Para o olhar do erudito,
as sete regiões do mundo são verdadeiros tesouros.
Mas, vistas de perto,
trata-se de uma serpente com sete cabeças.
Tarih-i Hind-i garbi
[História da Índia Ocidental],
GOODRICH, p. 74

O Oriente muçulmano não esperou pelo século XXI para se interessar pela América. Por volta de 1580, nas margens do Bósforo, havia pensadores que se inquietavam com o Novo Mundo, e estavam longe de ser os primeiros a manifestar tal atitude:

> Entre as pessoas, disseminou-se a notícia de que um Novo Mundo havia surgido, semelhante em extensão e circunferência às regiões da zona habitada do globo, e de que, se não for mais povoado que a parte já conhecida, tem, no mínimo, uma população numericamente semelhante. Até hoje, entre nós, ninguém visitou essa região, da qual ninguém trouxe informações, nem sua descrição. Assim, inspirando-nos na máxima "saibamos apreciar as novidades", nossa inteligência, com a melhor disposição, também se deixou arrastar na corrente em direção a essas águas [do saber]. E a nau de nosso pensamento lançou a âncora nesse mar (GOODRICH, 1990, p. 74).[2]

---

[2] Nossas análises baseiam-se na tradução inglesa de *Tarih-i Hind-i garbi*, elaborada por Thomas D. Goodrich (daqui em diante, A).

Istambul observa a Cidade do México

Em Istambul, por volta de 1580, época em que essas linhas foram escritas, havia já seis anos que o poder estava nas mãos do sultão Murad III. O Império Otomano encontra-se ainda no apogeu de sua grandeza, mesmo que o cometa de 1577 e o assassinato, dois anos mais tarde, do grande vizir Sokollu Mehmed Pacha deixem entrever tempos mais agitados. Desde 1576, os otomanos lutam contra a Pérsia, seu adversário do Leste; nessa frente de combate, suas retumbantes vitórias hão de culminar com a anexação da Geórgia e do Azerbaijão. Ver-se-á até mesmo uma frota otomana singrando no Mar Cáspio (MANTRAN, 1989, p. 156-157; GOFFMAN, 2002, p. 137-188). No Ocidente, os marroquinos haviam derrotado os portugueses do rei D. Sebastião na batalha de Alcácer Quibir [Kasr al-Kabir], em 1578; a vitória sobre Lisboa – motivo justificado de regozijo para a corte do Império Otomano – não tardará a abalar a ordem mundial visto que, dois anos mais tarde, permitirá ao rei Filipe II reunir, sob o mesmo cetro, os Impérios Espanhol e Português.

É nessa difícil conjuntura que uma mão anônima redige uma longa crônica do Novo Mundo, intitulada de várias maneiras: "Notícia recente", "Livro acerca de um novo clima",[3] "A primeira aparição do Novo Mundo" e "O anúncio do advento do Novo Mundo" (A, p. 19). Por nossa parte, com seu editor Thomas Goodrich, vamos designá-la como *Tarih-i Hind-i garbi* ("História da Índia Ocidental").[4] O autor morava em Istambul, a antiga Constantinopla, essa "cidade tão deliciosa e tranquila, digna com certeza, graças à sua excelência e à sua beleza natural, de estar à frente do império do mundo inteiro".[5] Não se sabe quase nada a seu respeito: será que ele foi um protegido de Sokollu Mehmed Pacha e um dos astrônomos associados à construção do grande observatório de Murad III? Será que preferiu,

---

[3] "Clima" é um termo empregado para "o espaço que, no mapa-múndi e nas cartas geográficas, se situa entre dois círculos paralelos ao equador terrestre" (*Dictionnaire Littré*, 1863-1873).

[4] Sobre o autor, ver A, p. 19. O anônimo turco indica que havia intitulado sua obra: *Hadis-i nev* ("Notícias recentes"), *in* A, p. 75.

[5] Merle (2003, p. 100), citando o viajante francês Philippe Du Fresne-Canaye, que descobre a cidade em 1573.

prudentemente, manter-se na sombra para não chamar a atenção das autoridades religiosas que mandaram demolir o edifício em 1580?

Tudo parece indicar que esse cronista sem rosto teria transitado no círculo do grande vizir, tendo compartilhado suas pretensões expansionistas. Sokollu tinha sido o iniciador de uma política estrangeira ambiciosa, voltada, especialmente, para o Oceano Índico, a fim de garantir uma discreta, embora sólida, presença otomana nessa região da Ásia (COUTO, 1994, p. 205-207; CASALE, 2004; 2005a, p. 10-11; 2005b). Aí, o nome do sultão era reverenciado, e sua pretensão à monarquia universal era cada vez mais reconhecida, até mesmo pelo próprio Grão-Mogol (RAHMAN FAROOQI, 1989, p. 17). O autor do *Tarih-i* pertencia, certamente, a um ambiente culto e letrado, familiarizado com o árabe e o persa, mas que também tinha acesso a livros e informações redigidos em italiano, espanhol ou português.[6] É possível imaginar que esse ambiente estivesse em contato com marinheiros cativos ou renegados, oriundos da América – tendo transitado pela Península Ibérica e pelo Mediterrâneo Ocidental –, e mais ainda com refugiados marranos desembarcados da Espanha ou de Salônica. Após sua expulsão da Espanha, decretada por ocasião da tomada de Granada (1492), "muitos judeus dirigiram-se para Constantinopla, cidade em que foram muito bem recebidos pelo grande sultão Bajazé II, causando admiração o fato de que os reis de Espanha tivessem expulsado, de suas terras, pessoas tão úteis no plano material" (HM, p. 258).[7] É, pelo menos, o que se relatava e se imprimia na Cidade do México, nos primeiros anos do século XVII, algum tempo antes de outra expulsão, dessa vez, a dos mouriscos de Espanha. Istambul acolhia também bom número de italianos, genoveses, venezianos, florentinos, além de comerciantes, embaixadores ou artistas europeus. E sua presença era de tal modo notória que o Anônimo deve ter sentido alguma dificuldade na escolha dos interlocutores (LEWIS,

---

[6] Um ambiente frequentado por Emir Mehmed bin Emir Hasan es-Sudi, que, se não é o autor do *Tarih-i Hind-i garbi*, corrigiu a cópia destinada ao sultão; seu irmão, Seyid Ebu Mehmed Mustafá, era o autor de uma história universal.

[7] Sobre a diáspora judaica de origem ibérica no Império Otomano, ver Israël (2002, p. 41-96); Méchoulan (1992) e, em particular, Gilles Veinstein, "L'Empire ottoman depuis 1492 jusqu'à la fin du XIXe siècle" (p. 361-387).

1993, p. 77-78). A menos que ele próprio tenha sido um renegado de origem ibérica ou italiana?

O Império Otomano não é, porém, a Espanha e, menos ainda, a Europa Cristã na qual se imprimem livros sobre todas as partes do mundo (MERLE, 2003).[8] O texto *Tarih-i Hind-i garbi* aguardará até 1730 para ser publicado; será a quarta obra em caracteres árabes a conhecer essa honra, porque Istambul vai adotar a invenção de Gutenberg apenas no século XVIII. De qualquer modo, a escolha do impressor Ibrahim Muteferrika, a cento e cinquenta anos de distância, revela que essa soma de informações sobre a América conservava toda a sua atualidade. Para dizer a verdade, desde 1580, já circulavam numerosas versões manuscritas: no mínimo, quatro cópias extraídas do original, antes do final do século XVI.

O texto turco acomoda-se de tal forma ao relato das grandes crônicas espanholas da América que o leitor de Istambul tem necessidade apenas de introduzir-se na pele dos *conquistadores* para descobrir o Novo Mundo ou, de acordo com a expressão utilizada pelo Anônimo, a "Nova Índia". As viagens de Cristóvão Colombo, a conquista do Caribe, a invasão do México e a do Peru, são evocadas com uma superabundância de detalhes que deixará estupefacto quem ainda crê que o Império Otomano dava as costas para a Espanha e para o Atlântico (A, p. 9-16).[9] A Cidade do México, conquistada por Hernán Cortés, apresenta-se como assombrosa, tão digna de excitar a curiosidade dos eruditos de Istambul como havia sido capaz de fascinar os invasores castelhanos, sessenta anos antes. Depois dos europeus, que tinham devorado as narrativas espanholas, os leitores do Anônimo são convidados a descobrir os palácios de Montezuma: eles podem imaginar os salões, os quartos, as salas de banho que se contam por centenas, visitar o harém para milhares de esposas, percorrer os jardins guarnecidos com flores fragrantes, repletos de viveiros de aves e de lagos, observar as jaulas cheias de feras, "tigres, leões, leopardos [...], serpentes-dragões", ou ainda penetrar no

---

[8] E, em relação à Espanha, ver a obra clássica de MAS (1967).

[9] Citemos, em particular, o mapa-múndi do almirante Piri Reis (1513) e seu tratado sobre o mundo mediterrâneo e o Novo Mundo, *Kitab-i bahriye* ("Livro dos mares"), que data de 1521.

arsenal militar abarrotado de arcos, flechas e espadas. O leitor turco fica sabendo que a Cidade do México ocupa um lugar excepcional:

> Ela encontra-se em meio de um grande lago de cerca de noventa *mils* de circunferência. Metade deste lago é salgada [...], impedindo a vida das criaturas do oceano. A outra metade é de água doce com inumeráveis peixes [...]. A cidade é dividida em dois distritos. Um está na metade salgada e é aí reside Montezuma; chama-se Tlatelolco. O outro distrito situa-se na metade de água doce; tem o nome de México. Entre os dois distritos, erguem-se pontes enormes e grande número de construções. Contam-se cinquenta cidades nos arredores desse lago, das quais algumas abrigam dez mil lares e outras quinze mil.

Ao longo dos capítulos, entre tantas coisas exóticas, o leitor turco descobre as qualidades do nopal e o sabor do *nochtli*, designado pelos europeus como figo-da-índia: "Uma espécie é amarela [...], com sabor semelhante ao da pera. Outra é branca e tem o gosto de uva. E ainda outra tem a cor do vermelhão puro: ela amadurece antes de todas as demais, mas não é muito boa e, em um instante, mancha a roupa e a pele".

A Cidade do México não é, porém, o único objeto de atenção. Conduzido ao hemisfério sul, o leitor de Istambul descobre o império dos incas. Ele apercebe-se de Potosi, a cidade mineradora dos Andes, cujos fabulosos jazigos de prata não podiam deixar indiferentes os súditos do Império Otomano invadido, na época, pelo metal americano. Assim como não podia passar-lhes despercebida a rota marítima aberta através do Pacífico (A, p. 238, 240-246, 61):

> Um dos livros de história dos malditos francos[10] relata que um homem que governava a Cidade do México no Novo Mundo deixou essa capital, em 1564, deu a volta à terra, alcançou a China e as ilhas das especiarias, próximas da Índia, tendo-se apoderado de grandes quantidades desse produto. Uma dessas ilhas chama-se Lukan (Luzon; A, p. 366).

---

[10] No original, *Francs*, qualificativo atribuído, depois das Cruzadas, aos europeus nos portos do Levante. (N.T.).

A informação é inexata; nem por isso deixa de fazer claramente referência à expedição de López de Legazpi que vai inaugurar a primeira ligação regular entre as Filipinas (Luzon) e o litoral mexicano.

Deste modo, não só o Oceano Atlântico – *Okyanus* "na língua de Yunan (dos gregos)" ou *Bahr-i Ahzer,* "o Mar Verde", para os turcos – não era essa extensão incomensurável e sem fundo de que falavam "os anciãos do ulemá", isto é, os doutores da lei muçulmana; havia um novo continente que continha opulentos reinos conquistados e colonizados pelos cristãos: *Yeni Ispanya* (a Nova Espanha), no Norte; e o *Peru,* no Sul. Várias miniaturas adornam as diversas cópias subsistentes do *Tarih-i Hind-i garbi,* ilustrando o que o Novo Mundo podia guardar de estranho para os habitantes do Velho Mundo, incluindo os turcos. Complemento do exotismo nascente dos artistas europeus, o exotismo otomano interessa-se pelos animais e pelas plantas mais curiosas da natureza americana: manatis, tapires, perus, bisões, jaguares, abacateiros, mamoeiros... A cidade de Potosi inspira, até mesmo, uma série de miniaturas que revelam como os artistas de Istambul imaginam, na época, as aglomerações da "Nova Índia".[11] Na maior parte dos manuscritos otomanos, a cidade mineradora tem a aparência de uma urbe solidamente fortificada, bem diferente da aldeia encolhida no sopé da montanha que se observa na edição italiana da crônica de Cieza de León (Roma, 1555). Em relação à realidade americana, os miniaturistas de Istambul servem-se de uma liberdade semelhante àquela utilizada pelos artistas europeus da Renascença.

Istambul vista a partir da Cidade do México

Que horas são... lá, no outro lado? Na capital mexicana, no alvorecer do século XVII, alguns olhares dirigem-se para o Império Otomano. Nessa época, um impressor, Heinrich Martin, empenha-se em satisfazer a curiosidade dos leitores da Nova Espanha, publicando um *Repertório dos tempos* (1606), narrativa em que dois capítulos dizem respeito à história do mundo otomano: o primeiro, cujo relato

---

[11] Determinadas miniaturas não correspondem ao texto estabelecido pelo Anônimo: por exemplo, a audiência do rei Fernando, o Católico, concedida a Cristóvão Colombo (nº 2 no ms. Bajazet).

é marcado por um verdadeiro arrebatamento, "trata da maneira como é possível deduzir a queda e a destruição da monarquia e do império dos turcos a partir de prenúncios, prognósticos, conjecturas e razões naturais; o segundo, relativamente mais sereno, expõe 'as origens do Império Turco e a maneira como ele cresceu para culminar no poderio que detém atualmente'" (HM, p. 224, 229). Essa história dos turcos não mostra qualquer ilustração que possa orientar a imaginação do leitor, o qual dispunha apenas das lembranças deixadas pelas festividades locais em que apareciam mouros e turcos. Poucos anos antes da publicação do *Repertório,* algumas personalidades importantes da cidade – para celebrar a chegada do novo vice-rei, o conde de Monterrey – tinham-se disfarçado em cavaleiros turcos "ostentando saios azuis" à moda mourisca, tendo atacado um castelo de opereta, construído propositalmente, na aldeia de Guadalupe, à beira do lago, nos arredores da capital (RANGEL, 1980, p. 34; HARRIS, 2000, p. 150-151). Os cavaleiros de Malta, representados por outros espanhóis, haviam defendido a posição com o sucesso esperado. A autenticidade dos trajes pode, atualmente, deixar a desejar, mas não certamente o efeito de tais imagens nos espectadores e atores desses combates destinados a provocar a hilaridade.

Conhece-se muito melhor a carreira de Martin do que a de seu homólogo de Istambul. Ele acabou sendo transformado pelos historiadores em um espanhol da Andaluzia, em um português de Aiamonte, em um flamengo, em um francês e, até mesmo, em um crioulo que, portanto, teria nascido na Cidade do México. Na realidade, nosso homem é alemão de nascença; foi dado à luz em Hamburgo, por volta de 1560 (MAZA, 1943; 1991).[12] Havia uma trintena de anos, esse grande porto da Europa do Norte havia adotado a Reforma, e é bem possível que a família de Heinrich tivesse sido luterana. De qualquer modo, desde a idade de oito anos, o menino é enviado para Sevilha, cidade em que é recebido por uma família de impressores alemães, cujo nome é também Martin; Heinrich passa a adolescência e a juventude às margens do

---

[12] Nascido entre 1554 e 1560, segundo King (1989, p. 76), Mathes (1976, p. 62-77) e Schell Hoberman (1981, p. 331-346).

Guadalquivir para ser iniciado no ofício de tipografia. Por volta dos dezenove anos, ele retorna a Hamburgo e permanece nessa cidade durante um ano e meio: "Por curiosidade, visita as igrejas, todas elas pertencentes aos hereges luteranos, [...] aos domingos e por ocasião da Páscoa porque essas eram as únicas festas celebradas na época" (MAZA, 1991, p. 18). Uma curiosidade bem estranha visto que ele frequenta os templos de satanás[13] nos momentos do culto; quarenta anos mais tarde, tal atividade parece, contudo, não ter intrigado a Inquisição na Cidade do México, quando ela coletava tais informações.

Aos vinte anos, Heinrich começa a percorrer a Europa. Estuda matemática em Paris, antes de se dirigir à Curlândia[14] e, provavelmente, à Polônia. Desde a década de 1570, esse reino tornou-se um recanto de paz religiosa aonde afluía toda a espécie de hereges: calvinistas, luteranos, "Irmandade Polonesa", ou seja, antitrinitários de tendência anabatista e, até mesmo, "não adoradores", assim denominados por sua rejeição em adorar o Cristo.[15] É difícil imaginar que o jovem Heinrich não tenha passeado sua curiosidade também pelos templos da Polônia. Na mesma época, o rei Estêvão 1º Báthory apoia os jesuítas e transforma seu reino em campo de ensaio em favor da Contrarreforma; e, inclusive, pretende que ele se torne uma cabeça-de-ponte contra os turcos. Ex-voivoda da Transilvânia, Báthory alimenta a expectativa de que suas campanhas vitoriosas contra os moscovitas (1579-1581) hão de ajudá-lo a lançar uma vasta ofensiva contra Istambul; o rei morre em 1586, sem ter conseguido implementar seu projeto. É, sem dúvida, nesse contexto que Heinrich Martin toma consciência da força e do perigo que constitui o Império Otomano.[16]

---

[13] Qualificativo atribuído pelos católicos aos protestantes. (N.T.).

[14] Terra de lagos e pântanos, a Curlândia é ladeada, ao nordeste, pelo rio Duína Ocidental, que a separa da Livônia; e, no sul, confina com a Prússia Oriental. O golfo de Riga define-lhe os confins setentrionais; e, a oeste, seu litoral é banhado pelo Mar Báltico.

[15] Tendo chegado à Polônia, em 1579, o florentino Fausto Sozzini – também conhecido pelo nome de Socin (1539-1604) – havia fundado uma Igreja que, do ponto de vista espiritual e intelectual, se propagou com base em Rakow. Ver Léonard (1961, t. II, p. 47).

[16] Na sua cronologia universal, Heinrich Martin evoca a Polônia, uma vez, na data de 1573: *En este mismo año por orden de Selim, emperador de Turcos, entró en el reino de Polonia grandísimo ejército*

Qual seria, então, o objetivo de Heinrich ao dirigir-se aos confins da Europa, após ter voltado a contatar em Hamburgo com o luteranismo que tinha envolvido toda a sua infância? Acertar negócios por conta de comerciantes do grande porto da Liga Hanseática? Dar continuidade aos estudos de matemática e astronomia nas universidades de Cracóvia ou de Kaliningrad (ant. Königsberg)? Trabalhar em uma tipografia de Cracóvia ou Vilnius (ant. Wilno)? Participar nas anotações preliminares à elaboração de mapas encomendados pelo rei Báthory, em particular, os da Lituânia e da Livônia (MIKOS, 1992, p. 170-171)? Demasiadas boas razões, mas nada comprovado. O motivo do seu interesse pela Curlândia é também misterioso: em geral, considera-se tal iniciativa como uma viagem de negócios a Riga para justificar sua presença nessa região perdida. Teria a intenção de abrir aí uma tipografia, como fará na Cidade do México? O comércio de livros prosperava entre a Alemanha e os países bálticos, um comércio arriscado, mas tentador, nessa época de tempestades religiosas[17]: um Martin católico, talvez, tivesse podido apoiar os empreendimentos editoriais do jesuíta Possevino, enquanto um Martin luterano tivesse colaborado também com os impressores protestantes.[18]

De sua estada em Curlândia, nada conheceremos além das observações quase etnográficas que ele consigna, na Cidade do México, em seu *Repertório dos tempos*:

> Esta província é povoada por pessoas com aparência, condição e caráter semelhantes aos dos índios desta Nova Espanha, salvo que são um pouco mais corpulentos, como os chichimecas, e

---

de Tártaros, talando y robando la tierra, y vinieron a batalla campal con los Polacos, en la cual fueran los Tártaros vencidos y muertos 40.000 de ellos, que fue notable pérdida para el Turco (HM, p. 266).

[17] A história do livro impresso, em Riga, começa na década de 1580. Em 1582, o jesuíta Antonio Possevino, enquanto legado papal, lançava-se à reconquista espiritual dos países bálticos e solicitava que Roma lhe enviasse um exemplar do catecismo católico, elaborado pelo jesuíta Pedro Canísio; traduzido para o letão por um padre alemão, um milhar de exemplares foram publicados, em 1585. Em breve, a réplica lhe foi dada com a edição, em 1586, de uma tradução do pequeno catecismo de Lutero. Em 1588, uma verdadeira tipografia é inaugurada sob a direção de um holandês, Nicolaus Mollyn, convidado pelo Conselho da cidade de Riga. Quatro anos mais tarde, Mollyn publica um *Astrological prognosis,* gênero de que, mais tarde, Heinrich Martin há de tornar-se um especialista, na Cidade do México. Ver Viksnins (1973).

[18] Depois de sua chegada à Cidade do México, Heinrich Martin não teria deixado, certamente, em evocar colaboração no passado com a Companhia de Jesus.

falam uma língua diferente da que é utilizada pelas populações das regiões vizinhas. É bem verdade que é motivo de admiração ver essas pessoas morenas e submissas, enquanto as populações das províncias vizinhas são brancas, ruças e belicosas; por isso é que imagino que essas duas populações pertencem ao mesmo povo, e o motivo que mais me incentiva a acreditar em tal fato é que, nesta latitude, há pouca distância entre as regiões daqui [do México] e as da Ásia e da Europa (HM, p. 121).[19]

Após suas viagens pela Europa, Heinrich regressa à Espanha, país em que ele circula, durante alguns anos, entre Madri, Toledo e Sevilha. Na capital, apesar de ter adquirido material tipográfico, nada indica que ele tenha instalado uma tipografia em Castela. Em 1589, tendo atingido a trintena, eis que embarca para o Novo Mundo, na frota de Luis de Velasco, o novo vice-rei do México.[20] As partidas regulares dos vice-reis para as Índias atraíam, então, toda a espécie de candidatos à travessia já que bastava obter a proteção do afortunado escolhido para participar da viagem; o pai do novo vice-rei tinha governado a Nova Espanha, e a família Velasco mantinha estreitos vínculos com a sociedade mexicana. O apoio de Luis foi, portanto, um talismã duplamente precioso; ignora-se, todavia, como nosso Heinrich se imiscuiu nesse meio e o que o teria impelido a partir para a América e, sobretudo, a permanecer nesse continente.

Heinrich Martin era homem de sete instrumentos. Impressor formado precocemente em Sevilha e em outras cidades da Espanha, parece que, ao embarcar para a América, ele transportou o indispensável para instalar uma tipografia no Novo Mundo; no entanto, a oficina não abrirá antes de 1599, uns dez anos após sua chegada.[21]

---

[19] Será necessário identificar essa população dotada de traços asiáticos com os livónicos ou livonianos? Um ano mais tarde, na Espanha, Gregorio García retomará essa informação em seu tratado, *Origen de los Indios del Nuevo Mundo*, 1607.

[20] Filho do segundo vice-rei da Nova Espanha, Luis de Velasco devia exercer seu primeiro mandato até 1595 e retomar as mesmas funções entre 1607 e 1611, antes de ser nomeado para presidir o Conselho das Índias.

[21] O distintivo dos livros de Heinrich Martin representa uma cegonha, emblema que decora as obras do impressor sevilhano, Montes de Oca, e de outro madrileno, Guillermo Drouy, em atividade até 1589. Já por essa altura, Heinrich Martin teria comprado o material de Drouy com a ideia de revendê-lo no México ou, talvez, de utilizá-lo como seu ofício. No início do século XVII, quatro tipografias funcionavam na Cidade do México: Melchor de Ocharte, Pedro Balli, Diego López

Ele detém, igualmente, o título de cosmógrafo do rei, obtido, sem dúvida, graças à formação de matemático, adquirida em Paris ou em outras cidades europeias.[22] Na Cidade do México, a partir de 1598, Heinrich torna-se um colaborador zeloso do Santo Ofício;[23] por isso, foi-lhe confiada a guarda dos bens de um impressor holandês, aprisionado pela Inquisição por suspeita de luteranismo e, em sequência, a possessão dos prelos do inculpado. Habituado a colocar seus conhecimentos linguísticos a serviço dos inquisidores, nosso alemão obtém o título soante de "intérprete do Santo Ofício para a língua flamenga e germânica" (FERNÁNDEZ DEL CASTILLO, 1982, p. 522-532), com todas as "mercês, franquias, exceções e liberdades" vinculadas a esse estatuto: por exemplo, o direito ao porte de armas, dia e noite, prova de que suas funções junto da Inquisição não eram isentas de risco.

O impressor Martin saberá encontrar uma infinidade de outras maneiras de manifestar seu apoio à Contrarreforma: ao publicar obras religiosas e orações fúnebres; ao colaborar estreitamente com a universidade da Cidade do México, com os dominicanos e com os jesuítas; além de se associar a intelectuais da envergadura de um Antonio Rubio e de um Antonio Arias.[24] Os círculos letrados da capital mexicana adotam aquele que vai imprimir os trechos seletos para uso de professores e alunos da Companhia de Jesus, tais como as *Instituições poéticas* de 1605, preciosa introdução aos arcanos da poesia latina. Essa integração bem-sucedida não o impede de lançar um olhar impiedoso em relação à sociedade que o acolheu: "Por aqui, todos o sabemos de sobra, o engodo do lucro predomina a tal ponto que a curiosidade é, de algum modo, excluída; de fato,

---

Davalos e Heinrich Martin (MAZA, 1991, p. 14). Este último começa por fabricar caracteres para Adrianus Cornelius Cesar, que tencionava instalar uma tipografia em Cuautitlan, nos arredores da capital mexicana. O primeiro livro publicado por Heinrich Martin, em 1599, é um texto em nahuatl: *Compendio de las excelencias de la Bulla de la Santa Cruzada em lengua mexicana compuesto por el padre Fray Elias de San Juan.* Última publicação efetuada no México, no século XVI, este livro encerra a série chamada dos "incunábulos mexicanos".

[22] Sobre o ambiente científico e técnico, na Cidade do México, ver Rodríguez-Sala (2002).

[23] AGN (Mexico), *Inquisición*, Real fisco, vol. 29, f. 269r°/v°.

[24] Ele edita participações de defesas de tese, aborda questões de linguística com a publicação de *Discurso de la antigüedad de la lingua cantabra,* escrito pelo pintor basco Baltasar de Echave Orio (1607), além de um guia de conversação espanhol/nahuatl, redigido por Pedro de Arenas (1611).

curiosidade e cupidez são duas coisas inteiramente opostas" (*Pœticarum Institutionum Liber*, 1605; HM, p. XXXVII).

O próprio Heinrich Martin é autor de uma obra científica. Ao publicar em sua tipografia, em 1606, seu *Repertorio de los tiempos,* as mais insignes autoridades da Nova Espanha garantem-lhe seu apoio: o vice-rei, marquês de Montesclaros, aprecia o estilo "agradável e a modéstia cristã" de uma obra tão "interessante e tão útil", "proveitosa para toda a república, em particular, para os agricultores". O doutor em teologia, Hernando Franco Risueño, e o arcebispo da Cidade do México, García de Mendoza y Zuñiga, congratulam-se por encontrar no livro "coisas tão interessantes, e que é indispensável saber neste Novo Mundo". Dois anos antes, nosso alemão já tinha publicado um *Discurso sobre a grande conjunção dos planetas Júpiter e Saturno* – texto mais modesto, embora elaborado, igualmente, por ele próprio. Em estado de projeto ou de manuscrito vão permanecer dois grandes tratados: um, sobre a agricultura na Nova Espanha; e o outro, sobre a fisionomia.[25]

Após ter publicado seu *Repertório,* Heinrich é incumbido de uma tarefa de amplitude gigantesca – a direção dos trabalhos de drenagem do vale em que havia sido construída a Cidade do México – à qual dedica mais de vinte anos de sua existência. E ei-lo, um dos europeus, da Renascença tardia, mais diretamente comprometidos em uma operação colossal de engenharia civil, o que lhe mereceu a admiração do dramaturgo Ruiz de Alarcón, que preferiu fazer seu elogio perante o público espanhol, em uma de suas mais belas peças: "É muito justo que exaltemos/tão notável maravilha/como a primeira do mundo".[26] Esse encargo esmagador vai transtornar a existência de Heinrich Martin, e seus dissabores hão de precipitar, provavelmente, seu fim: nosso alemão vai morrer odiado por uma parte de seus contemporâneos que vão criticá-lo por ter deixado inundar-se a capital, em vez de ter

---

[25] Heinrich Martin tinha a intenção de explicar os recursos mediante os quais os leitores fossem capazes de adaptar a agricultura ao "temperamento y clima de esta Nueva España". Outro tratado relativo à *fisionomia de rostros* pretendia refletir sobre o sentido a conferir aos traços do rosto e ao comportamento da criança (HM, p. 270-271).

[26] *El semejante a sí mismo*, citado em Maza (1991, p. 114-115, 117).

Efeitos de espelho

Na época da internet e do celular, levados pelo redemoinho da globalização – aliás, ainda estamos longe de conhecer a maior parte de sua repercussão –, causar-nos-á admiração que, quatro séculos atrás, habitantes da Cidade do México tenham manifestado interesse pela Turquia, e não somente pela Espanha ou pelo Peru. Para dizer a verdade, se Istambul era, então, a principal cidade da Europa (cerca de 400.000 habitantes; cf. DELUMEAU, 1967, p. 293; MANTRAN, 1996), a capital mexicana, por sua vez, dominava o Novo Mundo: tinha mais de 100.000 habitantes, uma corte, uma universidade, colégios e enormes conventos, um clero bem preparado e comerciantes prósperos. É um dos florões da monarquia católica que reúne, desde 1580, o Império Espanhol e o Império Português. Mas será ainda mais surpreendente que um habitante de Istambul tenha procurado conhecer tudo a respeito da descoberta, da conquista e da colonização do Novo Mundo pelos "francos". E que ele tenha empreendido tal iniciativa servindo-se dos melhores historiadores da época: o italiano Pietro Martire d'Anghiera, além dos castelhanos Gonzalo Fernández de Oviedo, Francisco López de Gómara e Agustín de Zarate, nomes que revelaram o Novo Mundo à Europa da Renascença.[27] Essas mesmas fontes serão utilizadas, na época, pelos holandeses para fazerem sua aprendizagem a respeito da América e das grandes descobertas. Em seu prefácio, o Anônimo de Istambul não dissimula, aliás, a urgência de sua tarefa:

> As Sagradas Escrituras e os livros antigos nada dizem acerca do [Novo Mundo], nem fornecem qualquer interpretação;

---

[27] Francisco López de Gómara é o autor de uma *Historia general de las Indias*, cuja segunda parte é a *Historia de la conquista de México* [1552]: contam-se treze edições em espanhol, entre 1552 e 1555; quinze edições em italiano, entre 1556 e 1576; nove em francês, entre 1568 e 1588; e duas em inglês, entre 1578 e 1596. Em 1526, Gonzalo Fernández de Oviedo publica, em Toledo, seu *Sumario*, ou *De la natural hystoria de las Indias*: esse texto terá quatro edições em italiano, entre 1534 e 1565. Pietro Martire d'Anghiera é o autor de *Décadas*, texto que se encontra entre as primeiras obras que deram a conhecer aos europeus a descoberta da América por Colombo e a conquista do México por Cortés. Por sua vez, Agustín de Zarate é o autor de *Historia del descubrimiento y conquista del Peru*, cuja primeira edição remonta a 1555; em seguida, serão lançadas versões francesas, holandesas, inglesas e italianas.

e os maiores especialistas que constituem a autoridade em história nem sequer tocam de leve no assunto [...]. É por isso que me dispus a reunir obras dignas de fé, traduzindo-as e comentando-as, antes de tirar delas um resumo que registrei no papel (A, p. 75).[28]

Istambul – Cidade do México: também não é indiferente que se trate de duas cidades recém-fundadas que se implantaram a partir de capitais prestigiosas: a Cidade do México espanhola desenvolveu-se sobre a capital asteca, a partir de 1521; e a Istambul otomana havia suplantado Bizâncio, em 1453.[29] No entanto, observadas a partir da Europa ocidental, essas duas metrópoles aparecem, habitualmente, como "periferias exóticas": uma oriunda da colonização espanhola, implantada sobre um império em decomposição, enquanto a outra era a vanguarda de um Oriente fascinante e invasor. Eis uma forma de esquecer que esses novos atores, surgidos na paisagem da Renascença, ocupam posições privilegiadas na conjunção dos mundos: ameríndios, ibéricos e asiáticos, em relação à Cidade do México; europeus, africanos e asiáticos, por parte de Istambul. Se a Cidade do México encarna o impulso americano da globalização ibérica, Istambul, por sua vez, sintetiza o dinamismo, igualmente planetário, das sociedades do Islã. No Ocidente, assim como no Oriente, essas cidades desempenham o papel de intermediários e de passagem entre sociedades tão diversas quanto distantes uma da outra, desenhando uma geografia com a qual os historiadores não nos familiarizaram de modo algum, demasiado ocupados em estabelecer a separação entre histórias, impérios e áreas culturais.

O eletrochoque das fontes

Nossas maneiras de praticar a história nos confinam ainda, muitas vezes, em visões tão estreitas e tão fragmentadas – para não dizer, tão mutiladas – do passado que, atualmente, as tentativas de equiparar

---

[28] Sobre a maneira como os asiáticos veem, ou não, a Europa nos séculos XVI e XVII, cf. Subrahmanyam (2005b).

[29] Nesta data, a cidade ostentava o nome de Constantinopla: nome atribuído pelo imperador romano, Constantino, em 324, a Bizâncio. (N.T.).

fontes turcas e mexicanas parecem roçar a façanha acrobática ou assemelhar-se a um truque; não obstante, tais fontes são conhecidas e estão traduzidas e publicadas.[30] E, portanto, facilmente acessíveis: manuscritos da crônica turca existem em várias bibliotecas do Ocidente, incluindo a BNF,[31] ao passo que o *Repertório dos tempos* foi publicado na Cidade do México, por três vezes, na segunda metade do século XX.[32]

No entanto, a tarefa do historiador não poderia limitar-se a exumar a história mexicana e a história turca para exibi-las como aberrações historiográficas ou curiosidades exóticas. Convém explicar o motivo pelo qual os turcos estavam em condições de dispor de um conhecimento sobre a América mais abrangente do que o de muitos orientalistas de hoje, além de explicar a razão pela qual os leitores da Cidade do México se formulavam questões relativamente aos otomanos, questões que jamais perpassaram pela cabeça dos americanistas. Os dois mundos não mantinham contato direto. E é pouco provável que turcos tenham visitado a Nova Espanha no século XVI ou que habitantes da capital mexicana tenham estabelecido alguma relação com Istambul. Portanto, os dois textos não têm vínculo entre si: turco ou mexicano, cada um é expressão do mundo que serviu de base à sua produção, enquanto amálgama de imagens do mundo descrito por cada autor. É precisamente esse cruzamento e esse paralelismo que nos incentivam a confrontá-los sem buscar uma comparação termo a termo, susceptível de se tornar rapidamente algo absurdo. Para que serve questionar se os turcos sabem mais sobre os mexicanos do que os mexicanos sobre os turcos? Se o autor instalado na Cidade do México é mais "aberto" – e, portanto, mais "moderno" – que o de Istambul, ou se o chocolate é mais saboroso que o café? (LEWIS, p. 79). As fontes do *Repertório* mexicano serão mais fidedignas do que as da crônica turca? Teria sido fascinante imaginar um diálogo direto entre Cidade do México

---

[30] Além das versões inglesas de C. Adler e de Thomas D. Goodrich, a obra foi parcialmente traduzida para o francês, no século XVIII, e para o italiano, no século seguinte. Ver A (p. 30).

[31] Sigla de *Bibliothèque Nationale de France* [Biblioteca Nacional da França]. (N.T.).

[32] Pela Secretaría de Educación Pública, em 1958; em fac-símile por Centro de Estudios de Historia de México, Condumex, em 1981; e, em 1991, pelo CONACULTA.

- Istambul, passando por cima da Europa Ocidental; no entanto, com toda a evidência, tal permuta jamais teve lugar. Em compensação, as tipografias italianas da Renascença e a língua de Ariosto desempenharam o papel de "caixas de ressonância" intercontinentais; sem a Itália dos humanistas, eruditos e impressores, não haveria *Tarih-i Hind-i garbi*, nem mesmo *Repertório*.[33]

Para dizer a verdade, as duas obras, colocadas lado a lado, evocam irresistivelmente planos-sequências do filme de Tsai Ming-liang. Cidade do México/Istambul... Paris/Taipei... As narrativas são independentes, mas sua equiparação dá imediatamente ensejo a um grande número de reflexões. Tem-se até mesmo vontade de "friccionar" um texto contra o outro para revelar melhor as particularidades respectivas de ambas as visões, como se as opiniões da crônica turca fossem capazes de nos ajudar a questionar melhor os capítulos mexicanos, e como se estes, por sua vez, viessem a servir-nos de guia nos meandros da obra otomana. Compete-nos fazer sua "montagem" em conjunto, à maneira do cineasta taiwanês, para imaginar, além das diferenças que separam esses universos – ou melhor, contando com suas divergências –, o que podia significar "pensar o mundo" no final da Renascença. Com a expectativa, para parafrasear a fórmula de S. M. Eisenstein, de que "a justaposição dos dois planos possa suscitar, na percepção e nos sentimentos do (leitor), a imagem mais completa do próprio tema" (EISENSTEIN, 1990, p. 18). O que nos ensina, portanto, a equiparação dos dois textos sobre eruditos, cidades e sociedades que, *a priori*, estavam separados em todos os aspectos: mares, religiões, memórias, histórias? Mas também o que nos diz tal paralelismo sobre os vínculos que, talvez, já tivessem estabelecido a união entre terras do Islã e a América?

---

[33] Os textos circulavam da América para a Ásia e da Ásia para a América, passando pela Itália, graças às traduções italianas das grandes crônicas do Novo Mundo em relação a *Tarih-i Hind-i garbi,* e graças às histórias redigidas sobre a Península no que se refere ao *Repertório*. Thomas D. Goodrich chegou a identificar alguns dos tradutores utilizados pelo autor otomano: Alfonso Ulloa para Agustín de Zarate; Agostino de Cravaliz e Lucio Mauro para a *Historia* de López de Gómara (A, p. 34).

CAPÍTULO 2

"E que horas são... lá, no outro lado?"

*Não existe a menor dúvida de que,
sob o Equador e sob os polos, habita uma multidão semelhante
às pessoas que vivem em todas as outras partes do mundo.*
Giovanni Battista Ramusio,
Discorso sopra il terzo volume delle
navigationi et viaggi, Veneza, 1556

*O que caracterizava por natureza, até há pouco,
todos os seres humanos sem exceção, era a comum e universal
inclinação e capacidade de ignorar, sem qualquer sentimento
de culpa, a maior parte dos seres humanos que viviam
fora de seu próprio receptáculo étnico.*
Peter Sloterdijk,
Esferas II, p. 851-852

Atualmente, a onipresença da mídia destila em nós a ilusão de
que, além de testemunhas, somos contemporâneos dos acontecimentos do mundo. Nesse aspecto, qual era a situação no final do século
XVI? Quando os leitores da Cidade do México – sem qualquer
distinção entre elites espanholas, mestiças e indígenas – se inquietam
com a sorte do Império Otomano, e quando os letrados de Istambul
se preocupam com o destino dessa "Nova Índia", submetida ao
jugo dos "francos" – os espanhóis –, torna-se manifesto que todos
eles começam já a pertencer ao mesmo planeta e a compartilhar os
mesmos horizontes; pouco importa que os pontos de vista de cada

um sejam divergentes ou que suas análises cheguem a conclusões diametralmente opostas. A multiplicação das cópias do *Tarih-i Hind-i garbi*, assim como a reprodução gráfica do *Repertorio de los tiempos* na capital mexicana – em uma época em que a publicação de uma obra na América era um gesto raro, dispendioso e que exigia demorada reflexão – são iniciativas reveladoras; elas exprimem curiosidades motivadas e, com frequência, antigas, precisamente o contrário do efeito de moda ou de um acesso de exotismo.

Um mundo "habitado por toda a parte"

"É-nos dado a compreender claramente que este globo terrestre está habitado maravilhosamente por toda a parte, nenhuma região está vazia ou privada de habitantes, seja por causa do calor ou do gelo" (RAMUSIO, 1563). É nesses termos que, em meados do século XVI, um editor veneziano de narrativas de viagens comenta a prodigiosa ampliação de horizontes em decorrência dos grandes descobrimentos. Seja qual for o continente em que os homens vivam, eles compartilham o mesmo firmamento, como lembrava um jesuíta do Peru aos espanhóis estabelecidos nos Andes, saudosos do céu da Espanha (ACOSTA, 1979, p. 24-25).

As possibilidades abertas pela navegação revolucionaram a comunicação entre os homens. Portugueses, espanhóis e italianos não são os únicos a se aperceberem dessa transformação; todos aqueles que, em determinado momento, se deparam com europeus, acabam com frequência por vivenciar essa amarga experiência. Por isso, os mundos do Islã ficam muito atentos, e com toda a razão, à irrupção dos portugueses no Oceano Índico e no Sudeste Asiático. Sem ter optado pela via da conquista, as reações dos otomanos não se fazem esperar: desde o início do século XVI, sua frota torna-se presente nas águas do Oceano Índico. Na década de 1560, Solimão, o Magnífico, negocia uma aliança com o sultão de Achém – um reino em plena ascensão ao norte da ilha de Sumatra – para ajudá-lo a opor-se, nessa parte do mundo, às pretensões de Lisboa (SANTOS ALVES, 1999, p. 168). Umas após as outras, as populações e as potências da Ásia acabam relacionando-se com os portugueses que circulam ao largo de seu litoral: tanto a China quanto o Japão, tanto o Sião [atual Tailândia] quanto o Cambodja, não podem ignorar a intrusão dessa vizinhança.

Deve-se acrescentar ainda um novo horizonte que se projeta, ao longo de todo o século XVI, na direção do Leste, para além do imenso oceano de onde surgem as naus espanholas, oriundas do Novo Mundo. Após a volta ao mundo de Magalhães (1521), o Oceano Pacífico – *Derya-i Sur, Bahr-i Muhit-i Sur* para os turcos (A, p. 183, 408) – está na iminência de se tornar uma rota que une a América à Ásia. No entanto, a Ásia já era representada nos horizontes do Novo Mundo antes mesmo que o perfil deste último figurasse nos horizontes da Ásia. A América, reconhecida como continente de pleno direito, deixou de ser uma imensa jangada de terras, isolada do resto do mundo, para ser colonizada pela Europa dos ibéricos, conectada com a África dos escravos e ligada, passando por Manila e pelas Filipinas, ao Japão e à China. Antes dos grandes descobrimentos, "a terra não podia ser inteiramente conhecida, nem os povos eram capazes de comunicar-se uns com os outros" (GALVÃO, 1987, p. 51). Essa época foi superada para sempre.

Independentemente do lugar em que alguém se encontre, as comunicações marítimas revestem-se de uma importância crucial. O Anônimo de Istambul interessa-se tanto pela circunavegação de Magalhães (A, p. 206-209; p. 195, n. 572) quanto pela abertura de um canal entre o Mar Vermelho e o Mediterrâneo, projeto acalentado pelo círculo político ao qual ele pertencia; seu olhar nunca registra algo que possa ser considerado secundário. Ele descreve a viagem de Magalhães e dá-se conta de suas implicações tanto geográficas quanto políticas: "Das terras de Portugal, saiu um corsário chamado Magalhães. Houve pessoas cultas que o informaram de que era possível atingir as Molucas, isto é, as Ilhas das Especiarias, pela via do Oceano Ocidental". Se essa nova rota escapa aos otomanos, resta-lhes a possibilidade de ligar as águas do Mediterrâneo com as do Oceano Índico. Qual seria o motivo para abrir um canal para o "Mar de Kulzum", o Mar Vermelho, além de atacar pela retaguarda os persas, proteger a cidade de Meca e manter o controle no Oceano Índico?

> Feito isso, a partir de Constantinopla – a cidade mais bem protegida, local em que reina a prosperidade e em que reside o sultão –, navios e guarnições serão reunidos e enviados para o Mar de Kulzum, a fim de protegerem as regiões litorâneas

dos Lugares Santos. E, em pouco tempo [...] eles apoderar-se-ão da maior parte dos portos da província do Sind [Paquistão] e da Índia, além de expulsarem os infiéis maléficos desses territórios (A, p. 100).

Se esse programa se inscreve em uma obra que tem por objeto a América, é porque o autor está perfeitamente consciente de que o Novo Mundo se tornou uma ponte em direção à Ásia e, portanto, uma ameaça para o Islã nessa região do globo.

A Cidade do México não fica atrás. Não sendo, nem de perto nem de longe, comparável a Constantinopla, a não ser por sua grandeza no passado, ela nada tem de uma aldeia de pioneiros, esquecida no meio da América indígena. Sede de uma corte espanhola, de uma universidade e de um arcebispado, a mais populosa cidade das Índias Ocidentais acalenta a ambição de ser o centro do mundo. Submetida por toda a espécie de vínculos à metrópole ibérica, a capital da Nova Espanha mantém relações regulares com o Caribe, a África Equatorial, a América Central e o Peru. Mas também não deixa de ser atraída pelo Ocidente, pela Ásia dos missionários, comerciantes ou conquistadores (GRUZINSKI, 1996, 2004). Os filhos de Espanha que a habitam não sonham em apoderar-se das riquezas do Oriente? Não é que os versos de *Grandeza mexicana* do poeta Bernardo de Balbuena exalam um ligeiro odor de cruzada?

> Oh! Espanha valorosa e coroada [...]
> Observa nos esquadrões orientais
> Da Índia, do Malabar, do Japão e da China,
> Ondear tuas vitoriosas bandeiras;
> E teus cavalos desalteram-se
> Na água espumante e cristalina
> Do Indo e do Ganges,
> E o monte Imabo diante de tua grandeza se inclina
> (BALBUENA, 1990, p. 122).

Enquanto alguns imaginam a cidade de Montezuma, desde as margens multicoloridas do Bósforo, outros especulam sobre a ruína e a grandeza de Constantinopla à sombra dos palácios e dos claustros da Cidade do México. E todos sonham com o Oriente. De uma cidade para outra, a imaginação dos poetas e de seus leitores pode ainda se extraviar em regiões fabulosas e inebriar-se em praias incógnitas e oceanos sem fundo. Os espanhóis da Cidade do México têm a liberdade de inspirar seus sonhos nos *Lusíadas* de Camões, magnífico poema épico, cujo eco permeia os versos de Balbuena, como se a capital mexicana fosse capaz também de se observar no espelho de Goa.

Mas basta de devaneios. Na Cidade do México, à semelhança do que se passa em Istambul, a opinião dispõe também de um número crescente de informações confiáveis para participar de um imperialismo descomplexado com horizontes ilimitados. De um lado e do outro, adquirem-se fontes sólidas, ou supostas como tais, coletam-se imagens, reúnem-se medidas e números, encadeiam-se esboços geográficos e são investigados seres animados, a fauna e a flora. Cristão ou muçulmano, como resistir ao atrativo das riquezas longínquas? "As coisas deliciosas do Sind e da Índia, as raridades da Etiópia e do Sudão [...], as pérolas do Bahrein e de Adém" subjugam o Anônimo de Istambul do mesmo modo que os "diamantes da Índia, [...] o âmbar de Malabar, as pérolas do rio Hydaspes e os fármacos do Egito" (A, p. 100; Balbuena, 1990, p. 77-78) estimulam o poeta da capital mexicana e seus leitores. Tais cobiças explicam que o estabelecimento de relação entre esses mundos não tenha abolido antagonismos e ódios do passado. À medida que as ambições dos poderosos adquirem uma ressonância e uma base planetárias, essas pulsões vorazes tornam-se uma das forças propulsoras, reais ou virtuais, dos imperialismos atuantes, então, no globo.

O interesse pelo mundo

Corrida ao ouro e à prata, corrida às especiarias e às pedras preciosas... No século XVI, há europeus de um novo tipo que manifestam preocupação com o mundo por motivos que nos parecem ignobilmente materialistas, para não dizer, imbuídos de ambições expansionistas ou de impulsos ainda mais inquietantes, quando ressoam os apelos encantatórios do messianismo e do milenarismo. Voltaremos ao assunto.[34] Mas serão suficientes tais motivos para explicar seu crescente interesse por aquilo que ocorre nas regiões mais longínquas?

---

[34] Sobre o caso português, ver Tomaz e Santos Alves (1991).

Houve igualmente quem acreditasse desvendar nessas preocupações as tentativas incipientes da observação etnológica ou a expressão de um dom inato para captar a diversidade cultural. Sem voltar à intensa dose de eurocentrismo que implica esse último diagnóstico, poderemos contentar-nos com isso (RUBIÉS, 2000)? Fundamentadas ou não, todas essas explicações nos parecem ser redutoras; por pretendermos, a qualquer custo, absolver ou condenar o passado, corremos o perigo de perder o que faz sua singularidade e talvez, ainda, seu valor para nós.

Os contemporâneos – tão bem posicionados quanto nós para compreender os acontecimentos à sua volta – encontraram, muitas vezes, fórmulas surpreendentes para comentar a abertura ao mundo da qual participavam. Em 1552, Francisco López de Gómora, cronista das Índias, escrevia:

> O mundo é tão grande e tão belo, além de conter tantas coisas diversas umas das outras que deixa atônito quem o torna objeto de seu pensamento e o contempla. Não há absolutamente ninguém que, apesar de continuar vivendo de maneira semelhante aos animais, não se ponha, em um dia ou outro, a considerar suas maravilhas porque o desejo de saber é uma coisa natural a cada um. Entretanto, esse desejo pode manifestar-se mais fortemente em alguns do que em outros por terem acrescentado sua arte e seu esforço à inclinação natural; esses, aliás, discernem melhor os segredos e as causas das coisas produzidas pela natureza (LÓPEZ DE GÓMARA, 1552, folha III).

Deseo de saber, "desejo de saber": a expressão parece anacrônica, mas aparece efetivamente nos textos. Esse desejo serve de suporte a uma abertura ao mundo que desconhece qualquer tipo de limites. Ele é acompanhado por outro desejo, o de "ver o mundo" em nome da maior "liberdade"[35] possível. Nenhum território poderá escapar a este "*deseo de saber*", nem mesmo Tule que – na tragédia *Medeia* de Sêneca – aparece como a última fronteira do mundo conhecido.[36]

---

[35] "Desejoso de ver mundo" (GALVÃO, 1987, p. 142); "os que mais províncias & terras viram por suas livres vontades" (*ibid.*).

[36] "Tempo virá, no decurso dos séculos, em que o oceano dilatará sua cintura, envolvendo a Terra,

A quando remonta tal preocupação na cristandade latina? Pelo menos, ao século XIII, quando as narrativas trazidas da Ásia dos mongóis começaram a despertar, ou a reanimar, esse interesse por parte dos europeus.[37] Uma expansão repentina e espetacular de relatos de viagens acompanhou a primeira abertura da cristandade latina ao mundo; trata-se ainda de uma abertura sem perspectiva inconfessada de conquista, mas com intuito missionário e comercial, tamanha era a incapacidade da cristandade perante o gigante mongol. É nesse contexto que Marco Polo – e, na sua esteira, outros aventureiros – desvendam aos europeus a complexidade do mundo asiático, desde a Ásia Central até o Catai[38] e o fabuloso Japão.

Italianos e franceses não são os únicos a abrir os olhos. Apesar de habitarem no outro extremo do Mediterrâneo e estarem mais ocupados em combater os mouros, os cristãos da Península Ibérica ficam inquietos, por sua vez, com o que se passa na Ásia: logo no início do século XV, uma embaixada castelhana, junto ao mongol Tamerlão (1336-1405), transforma sua missão em uma obra excepcional de vivacidade e argúcia (CLAVIJO, 2004). Desde então, os ibéricos sentiram-se suficientemente equipados para explorar e descrever terras longínquas; e não apenas os portugueses que visitam as regiões litorâneas da África. Bem antes que os castelhanos viessem a pisar o solo mexicano, um fidalgo andaluz, Pedro Tafur, perambula seu olhar e curiosidade pelo Próximo Oriente; é porque as rotas da África e do Oceano Índico não constituem o interesse exclusivo dos marinheiros de Lisboa. É possível partir à conquista do Oeste, na esteira de Cristóvão Colombo, mantendo o olhar fixo no Oriente das especiarias e no ouro da África: desde 1512, vinte anos depois da descoberta da América, as expedições portuguesas na Ásia suscitam a publicação, na Espanha, de uma obra dedicada à "conquista das Índias de Pérsia e Arábia".[39]

---

para mostrar ao homem uma região imensa e incógnita; o mar revelará, então, novos mundos, e Tule deixará de ser o limite do Universo" (SÊNECA, 1973).

[37] Em relação à Antiguidade, pensemos no impulso dado pelas conquistas de Alexandre; ver Cordano (2006, p. 102). Quanto aos mongóis, ver Jackson (2005).

[38] Nome atribuído à China na Idade Média. (N.T.).

[39] Seu autor, Martín Fernández de Figueroa (1512), é um espanhol de Salamanca que havia participado das expedições portuguesas na Ásia.

Ocorre que os marinheiros de Lisboa desempenham, aqui, o papel de pioneiros. Os avanços portugueses rumo ao desconhecido, a travessia de espaços considerados interditos a qualquer ser humano – a zona tórrida, a região dos antípodas – e as explorações que pontuam a interminável descida do litoral africano deparam-se com um sem-número de medos, ignorâncias e preconceitos: que monstros, que sub-humanidades, que ciladas diabólicas surgirão dos mundos desconhecidos? Os obstáculos físicos, técnicos e climáticos são igualmente inumeráveis. Ao enfrentar as dificuldades concretas, o interesse pelo mundo e pelos mares longínquos converte-se em empreitada de alto risco. E, no entanto, ele não deixa de crescer com a mobilidade, sem precedentes, adquirida pelos europeus no decorrer do século XVI e por todos aqueles que, de bom ou mau grado, os acompanham: "Atualmente, os homens atravessam o oceano de um lugar qualquer para outro, segundo seu desejo, e executam tal operação com uma facilidade e precisão inacreditáveis" (ACOSTA, 1979, p. 47). Cada descobrimento é entendido como uma oportunidade suplementar para intensificar os vínculos entre os homens.

> Com o tempo – lê-se em uma obra sobre a arte náutica, publicada na Cidade do México, em 1587 – graças ao Estreito de Magalhães, as numerosas terras, as ilhas e os povos conhecidos, assim como o número infinito de todos os que ainda são desconhecidos no Mar do Sul [o Oceano Pacífico] serão capazes de estabelecer relações com os do Mar do Norte [o Oceano Atlântico].[40]

Para o autor da imensa compilação, intitulada *Navegações e viagens* – o veneziano Ramusio (1485-1557) – , é surpreendente

> [...] que não se tenha chamado a atenção dos príncipes, das grandes personalidades ou daqueles a quem Deus confiou essa responsabilidade – e que se rodeiam sempre, para seu conselho, de homens notáveis pela cultura e inteligência – para o fato de que um dos mais admiráveis e mais surpreendentes empreendimentos a realizar em suas vidas consistiria em

---

[40] Trata-se de *Instrucción nautica para el buen uso y regimiento de las Naos* de Diego García de Palacio, 1587; ver Medina (1989, t. I, p. 281).

fazer com que *se conhecessem reciprocamente todos* os homens do nosso hemisfério e os do hemisfério oposto, no qual eles passariam por deuses, como foi o caso, na Antiguidade, de Hércules e de Alexandre, cujas expedições se limitaram a chegar à Índia; e este empreendimento sem igual excederia de longe todas as campanhas de Júlio César e de qualquer outro imperador romano (RAMUSIO, II, 1550).

Da descoberta do mundo, nada se pode tirar além do prestígio. Istambul está também plenamente convencida disso: ao sublinhar a existência de antecedentes arabo-andaluzes à descoberta do Novo Mundo, o Anônimo tenta minimizar, servindo-se de todos os expedientes, o atraso registrado pelos marinheiros do Islã; como se, em seu tempo, os muçulmanos da Espanha tivessem conseguido, igualmente, assumir sua parte nos riscos e lançar-se na corrida dos descobrimentos, menosprezando os Antigos que estavam convencidos da impossibilidade de empreender viagens (A, p. 144-145).

O "desejo de saber" exercita-se em todos os sentidos. Portugueses, italianos, espanhóis – e, em menor grau, ingleses, holandeses e franceses – preocupam-se com novos espaços que eles se acostumam a frequentar ou a colonizar, ao mesmo tempo em que se empenham em observar, com maior atenção, o poderio terreste e marítimo que exerce maior ameaça e fascínio sobre os europeus, ou seja, o Império Otomano. O paralelismo é impressionante: a curiosidade crescente pelo mundo turco é contemporânea da penetração portuguesa na Ásia e da descoberta espanhola do Novo Mundo. Os interesses, é verdade, variam segundo os países europeus: se a Espanha e Portugal escrevem e publicam, de preferência, sobre seus impérios, a França do século XVI imprime maior número de obras sobre a Turquia do que sobre o Novo Mundo, enquanto a Itália – e, em particular, Veneza – serve de plataforma para difundir, indiferentemente, todos os descobrimentos e todos os viajantes (MERLE, 2003, p. 39; ATKINSON, 1935).

Assumindo a responsabilidade do mundo

É evidente que essa vontade de saber, disseminada em escala planetária, é acompanhada por um imperialismo nascente, ou é a expressão, ou o álibi, da cobiça suscitada pelas riquezas anunciadas dos mundos longínquos. Que o desejo de saber traduz o gosto do risco acoplado a uma irreprimível mobilidade, além de revelar uma sede de prestígio e celebridade misturada com uma abertura a todos os horizontes, eis o que percebemos agora com clareza. Mas, nos ibéricos, essas empreitadas denunciam, igualmente, uma obsessão recorrente no sentido de assumir a responsabilidade das populações locais. "Os bárbaros são nossos próximos e, como tais, temos a obrigação de fazer-lhes o bem", explica Francisco de Vitoria em suas aulas (*Relectiones*) na Universidade de Salamanca, em 1539 (VITORIA, 1996, 2005; SUESS, 1992, p. 510). Quanto aos índios da América, recém-chegados à fé, convém criá-los à semelhança de crianças "com leite e alimentos leves de digestão fácil, adaptados à sua reduzida capacidade e ao pouco tempo que se encontram no seio da religião cristã" (LLAGUNO, 1963, p. 183-184). Paternalismo e, até mesmo, maternalismo que estão longe de ter desaparecido do mundo contemporâneo, no qual se exprimem frequentemente mediante o intervencionismo dos grandes organismos internacionais ou a proliferação das ONGs.

Esse voluntarismo tem raízes fundamentalmente religiosas. "Deus – eis o que é sublinhado por Francisco de Vitoria – ordenou que todos se interessem por seu próximo [...], eles são nossos próximos; assim, temos a obrigação de trabalhar por seu bem" (SUESS, 1992, p. 506, 510). No século XVI, pela primeira vez na história do mundo, a repentina multiplicação de vínculos entre a Europa e os demais continentes torna possível a missão planetária que o papado havia confiado aos soberanos ibéricos na segunda metade do século precedente, ou seja, assumir a responsabilidade das populações do globo, onde quer que se encontrem e sejam elas quais forem, providenciando sua salvação:

> Não é sem grande razão, nem um profundo mistério, que a linhagem mais rejeitada e longínqua dos homens se encontre muito particularmente chamada ao bem do Evangelho [...] É certo que São João no Apocalipse [...] leva-nos a ver, nessa multidão bem-aventurada que segue o Cordeiro, todos os povos, todas as tribos e todas as línguas que existem sob o firmamento (ACOSTA, 1. I, cap. 1, 1984, t. I, p. 76).

Essa preocupação pelo outro, cujas repercussões são, muitas vezes, deletérias para os "beneficiários" – seres humanos, animais, plantas ou ecossistemas –, manifesta-se de múltiplas maneiras. Ela desdobrou-se, evidentemente, por meio dos grandes empreendimentos de evangelização, orquestrados pelos emissários do catolicismo romano, assim como nos debates suscitados pelo estatuto e pela origem das populações do continente americano. Quando juristas e políticos do século XVI se questionam sobre a liberdade dos índios e sobre a legitimidade da guerra que lhes é declarada, a discussão limita-se a definir as modalidades aceitáveis do "assumir a responsabilidade" dos povos recentemente submetidos. Já, quase um século mais cedo, a bula *Romanus Pontifex* (1454), promulgada para acompanhar os primeiros descobrimentos portugueses, estipulava que a "solicitude paternal para se ocupar de todas as regiões do mundo" (SUESS, p. 225) incumbia à Santa Sé. Pelo fato de ter conseguido fixar, com uma presciência quase inspirada, o programa da expansão ibérica, é que o papado aparece, atualmente, como o "notário" da globalização que se inicia no século XV (SLOTERDIJK, 1999, p. 829).

Mas, além de se inquietar com a sorte presente ou futura dos seres humanos encontrados nas regiões descobertas, a cristandade pretende assegurar-se de que o passado dessas pessoas se integre na história do mundo. Durante vários séculos, a questão da origem dos índios da América – uma discussão acadêmica aparentemente bem afastada das contingências do presente – inspira as hipóteses mais diversas e, às vezes, mais extravagantes, como se os letrados europeus tivessem horror a que a história de uma parte do mundo lhes oferecesse resistência, formulando-lhes insuportáveis enigmas: evocação da Atlântida, reaparição das dez tribos perdidas de Israel ou colonização cartaginesa do Novo Mundo. Tudo, então, deve ser abordado, desde que o mistério seja desvendado (GARCÍA, 1981).

É a esse interesse transbordante pelo Alhures, enunciado em todas as modalidades da conquista, que se deve associar a organização dos primeiros empreendimentos científicos europeus: como a missão confiada ao médico Francisco Hernández com o objetivo de repertoriar as plantas, os animais e os minerais das Índias ocidentais nos anos de 1570; ou as investigações que serviram de base à redação dos

Relatos geográficos e que procedem ao inventário dos recursos naturais e humanos das terras hispano-americanas, se preocupam com o modo de vida dos índios, exploram as histórias locais e acumulam grande número de informações que superam de longe as necessidades e a capacidade de absorção por parte da administração espanhola. Não contentes em definir as coordenadas geográficas dos lugares que eles descrevem, os pesquisadores pretendem igualmente conhecer tudo o que diz respeito a seus habitantes.[41]

É certamente a primeira vez na história europeia que a exigência científica, econômica e política mobiliza, fora do continente, recursos de tal amplitude. Que horas são em Cuzco, quando são nove da noite na Sicília? Meio-dia – responde, sem hesitar, um astrônomo espanhol, equivocando-se apenas em três horas. As medidas de longitude deixam ainda muito a desejar, mas concretizam o cuidado de chegar a uma visão sincrônica do mundo: pela observação dos eclipses da Lua na Europa, na América e na Ásia (nomeadamente em 1577 e, depois, em 1584) é que os cientistas ibéricos obtêm os primeiros resultados e, sobretudo, exercitam-se em empreender operações coordenadas em diferentes pontos do planeta (PARKER, 1995, p. 246).

Olhares dirigidos para todos os horizontes

O interesse acelera-se e deslocaliza-se ao ritmo da penetração europeia e dos progressos da globalização ibérica. Muito em breve, o olhar ao longe deixa de ser uma prerrogativa da Europa de Lisboa, de Sevilha ou de Roma, na medida em que também os portugueses de Goa "manifestam inquietação" pelas populações africanas e asiáticas ribeirinhas do Oceano Índico; ou, até mesmo, os senhores da América espanhola que têm os olhos postos nas ilhas do Pacífico, nas Molucas, nas regiões litorâneas da China e no Japão. A menos que, por sua vez, em um adequado e rápido retorno das coisas, o Novo Mundo se preocupe com o Antigo. Mal havia virado a página da conquista do México, Hernán Cortés garante ao imperador Carlos

---

[41] Se a Península Ibérica é a primeira região europeia a beneficiar-se de uma cobertura cartográfica digna desse nome, o levantamento das possessões do ultramar nem por isso é negligenciado; ver Parker (1992).

"E QUE HORAS SÃO... LÁ, NO OUTRO LADO?"

V seu apoio contra os turcos. Com efeito, boatos e notícias circulam já rapidamente pelo globo:

> Ouvimos falar *aqui* que Vossa Majestade está recrutando pessoas para organizar a luta contra o turco e oferecer-lhe resistência porque, diz-se, ele está chegando cheio de força e orgulho. Todos nós esperamos que Deus preste ajuda a um empreendimento tão católico, como ele tem feito em tudo o que se passou desde que Vossa Majestade subiu ao trono. Os religiosos que habitam *nestas regiões* não têm cessado e não cessam de rezar; além disso, diz-se *aqui* que todos os reis cristãos e aristocratas se aliaram a Vossa Majestade, e a coisa está tão bem ordenada que [...], se Deus quiser, iremos escutar boas e alegres notícias. Asseguro a Vossa Majestade que não há coisa no mundo que eu mais deseje do que estar a seu serviço nesta expedição para me incluir no número de vassalos fiéis que estão reunidos aí (CORTÉS, 1963, p. 508).

As pessoas comentam os preparativos da cruzada, na capital mexicana, como outrora tal ocupação era acompanhada em Londres, Bruges ou Paris. E não é para se contentarem com palavras de incentivo à distância: oito anos após essa carta, vinte anos após a queda da Cidade do México, em 1541, Cortés acompanhará Carlos V na expedição de Argel. Nem os negócios mexicanos, nem a exploração do Pacífico, nem a rota da Ásia puderam dissuadir o *conquistador*, já avançado em idade, de participar das operações no Mediterrâneo.

Se, porventura, diminui o ritmo dos descobrimentos, as pessoas manifestam de forma ruidosa sua impaciência. Vejam o que acontece com a ilha de São Lourenço (atual Madagáscar):

> Ela é maior que o reino de Castela e de Portugal [...], é muito populosa em razão de seu clima temperado e da abundância de tudo aquilo de que o ser humano tem necessidade para viver; é uma das ilhas mais nobres e excelentes de todas aquelas que foram descobertas na nossa época. Até agora, desta ilha, não se tem explorado além de alguns portos de mar, e todo o resto continua desconhecido. A mesma situação ocorre com uma grande parte da ilha de Taprobana [atual Sri Lanka], assim como, em relação a Java, a Grande e a Pequena, sem falar de uma infinidade de outras (RAMUSIO, II, 1550).

Esse interesse premente pelos mundos distantes impressiona, atualmente, por sua desmesura e falta de realismo. Movido, a um só tempo, pela atenção, pela obsessão e pela tensão, ele ignora tanto os obstáculos da travessia dos oceanos quanto as exigências mais elementares da *realpolitik*. Nada parece inacessível aos ibéricos, nem mesmo à China, o maior império terrestre. Desde que a Espanha se instala solidamente em Manila, nas Filipinas (1571), missionários, bispos, juízes e representantes da coroa servem de arcabouço a projetos de conquista da China ou do Japão. Alternadamente, o bispo de Manila, o de Malaca e o governador das Filipinas pleiteiam de forma arrebatada em favor de uma intervenção militar; na mente deles, o arquipélago assume o aspecto de base militar à maneira de Nápoles ou da Flandres. E Manila, a espanhola, ou Malaca, a portuguesa, não são as únicas a sonhar com a invasão (PARKER, 1995, p. 247-248); na Cidade do México, na primavera de 1587, debate-se acirradamente sobre a oportunidade de declarar guerra a essa terra enraizada na extremidade do mundo.[42] Toda a espécie de direitos e razões, mais ou menos ilusórios, é agitada para justificar uma intervenção armada: a urgência de converter a China, o direito da livre circulação e do livre comércio que se arrogam os ibéricos em qualquer parte do planeta,[43] a jurisdição espiritual do papa sobre toda a humanidade, o poder que ele deteria para trocar os governos a seu bel-prazer... Para o partido belicista, a recusa da China em abrir-se aos estrangeiros, o fato de "não admitir no país qualquer outra nação, nem mesmo aquela que quisesse entrar pacificamente, vedando a todos a possibilidade de estabelecer contato e relações comerciais", constitui um indiscutível *casus belli*. Bem convencido do contrário, o jesuíta José de Acosta esforçar-se-á por chamar à razão os belicistas; se, finalmente, ele tem ganho de causa, a intensidade de seu discurso de defesa deixa transparecer a obstinação que propulsa os espanhóis para alcançar os objetivos mais improváveis ou menos justificáveis.

---

[42] "Parecer sobre la guerra de la China, México, 15 de marzo de 1587" (ACOSTA, 1954, p. 331).

[43] *Los Españoles tienen derecho natural para peregrinar y contratar en todas las naciones extrañas del mundo, y quien les veda este trato y entrada les hace injuria* (ACOSTA, 1954, p. 332).

"Estabelecer contato e relações comerciais, converter, conquistar":[44] a derrapagem é infernal. A ideia de que um país possa permanecer impermeável à penetração europeia – mesmo que, em princípio, essa fosse a mais pacífica possível –, segundo parece, é insuportável para eles. Ora, quanto maior é a distância dos ibéricos em relação ao continente europeu, tanto maior é seu atrativo por projetos planetários: eis o que é verdadeiro relativamente tanto aos espanhóis do México quanto aos portugueses de Goa, que estariam bem dispostos a conquistar o sul da África para se apoderar de suas fabulosas minas de prata (COUTO, 1988). Reação paradoxal considerando que, no momento em que Madri ou Lisboa pregam a ponderação, pessoas das mais bem informadas, instaladas na periferia da monarquia católica, é que impelem a tais empreendimentos irrealistas.

O pecado da indiferença

Alguém terá o direito de permanecer ignorante? Em Istambul, no círculo do cronista anônimo, não se compreende como foi possível ignorar a existência da América. Eis o que é motivo de estupefacção quando se conhece o cuidado manifestado pelos geógrafos da Antiguidade e do mundo árabe para descrever o mundo (A, p. 143). Nos territórios da monarquia católica, o fato de interessar-se pelos outros tornou-se rapidamente, até mesmo, uma exigência e, praticamente, um critério de civilização. Nos primeiros anos do século XVII, um bispo espanhol, em visita pastoral a San Miguel Culiacan, aldeia mexicana perdida perto do litoral do Pacífico, não contém seus sarcasmos:

> Pode-se comparar as pessoas desta aldeia à primeira família formada por Adão e seus filhos porque elas não pensam, nem compreendem que possa haver outros povos no mundo além delas, e é assim que continuam vestindo-se como no tempo de Nuño de Guzmán e dos seus; elas fazem pouco caso em receber notícias e ficar sabendo se há guerra ou paz no mundo, ou se a frota circula normalmente; além do

---

[44] Esta frase, no original, é precedida pelos seguintes termos, em itálico: *Conversar, contratar, converter, conquistar*. (N.T.).

notário, ninguém utiliza papel na aldeia (Mota y Escobar, 1940, p. 102).

San Miguel é, certamente, "uma localidade pouco frequentada pela qual não passam estrangeiros", e seu isolamento explica-se, em grande parte, pelas distâncias que dificultam os contatos comerciais; a pobreza, decorrência dessa situação, parece ser sobretudo o castigo do retraimento sobre si, e não tanto a consequência de uma fatalidade econômica. "Essas pessoas não pensam, nem compreendem que possa haver outros povos no mundo além delas". Para o bispo espanhol, essa ignorância e esse retardo mental quase beiram ao pecado. Por contraste, as elites da capital regozijam-se com o fato de que a Cidade do México se tenha tornado um centro de intercâmbios planetários e elas enaltecem as vantagens da comunicação entre os homens e as sociedades (Balbuena, p. 79, 78). Do outro lado do globo, os portugueses de Goa manifestam o mesmo sentimento de se encontrarem à varanda do mundo e a mesma preocupação em tirarem proveito de tudo.

Modernidade e modernidades

Tais reações levam-nos a enfrentar formas de modernidade que se afastam da modernidade canônica, reivindicada pela Europa Ocidental. Longe da França, da Holanda, da Inglaterra ou da Alemanha, outras experiências despontam nos confins da dominação ibérica. Objeto de uma história que só poderia ser "global e conjuntural" (Subrahmanyam, 2005a, p. 28), essas modernidades forjam-se no contato com outras humanidades e com outros saberes, à custa de incontáveis riscos, de intercâmbios imprevistos e de agressões sem precedentes (Gruzinski, 1999). Elas implementam a ideia de que nada impede, ou deve impedir, a comunicação entre os homens, no pressuposto de que todo ser humano tem o direito de circular e de se instalar onde lhe aprouver, em conformidade com o direito dos povos e o direito natural (Suess, p. 501).[45] Do ponto de vista moral, jurídico e filosófico, as universidades ibéricas assumiram o compromisso de dar o "sinal verde" para sua manifestação. É certo

---

[45] *De procuranda Indorum salute* (Acosta, 1954, p. 450).

que nenhuma barreira intransponível separava a Europa dos outros mundos; é certo que a zona tórrida era efetivamente habitável, contrariando aquilo que os antigos haviam acreditado e escrito; enfim, é certo que as sociedades não cristãs que compunham – constatação a deplorar – a maior parte da humanidade eram na verdade sociedades políticas com as quais havia a possibilidade de estabelecer contato e relações comerciais, a despeito das diferenças de religião ou de organização política e social. A certeza relativamente à existência de uma lei natural universal comprovava que a comunicação entre os mundos era, por toda a parte, possível e, até mesmo, desejável.

O fato de que esses princípios tenham sido constantemente deturpados pelos ibéricos, cuja única pretensão consistia em interpretá-los em benefício próprio, não lhes tira nada de sua modernidade. O sentimento de responsabilidade espiritual e material – respaldado, muitas vezes, em um otimismo planetário – não fez senão reforçar nos ibéricos e, em seguida, nos outros europeus, a convicção de que não somente eles deviam intervir no destino do resto dos homens, como de que eles tinham sido inclusive escolhidos para realizar tal missão. Os letrados portugueses, em particular, cultivaram o tema da eleição, pela Providência divina, do povo a que pertenciam: para o bem e para o mal.

O desejo de saber, tal como ele se exprime longe da Europa, nada tem de simples especulação intelectual: ele forja-se à prova dos outros mundos, contra eles e com eles. À semelhança dos grandes debates, na Espanha do século XVI, sobre a natureza das sociedades recentemente descobertas, é o choque físico, humano e material com as grandes civilizações ameríndias e asiáticas que as instalou definitivamente na mira dos europeus. O aristotelismo fornecia os recursos para pensar as dimensões social e política em qualquer parte do mundo, além de classificar o conjunto das sociedades humanas. Nesse momento, os ibéricos e seus hospedeiros, no terreno, chegam a conhecer-se em todos os sentidos do termo; por toda a parte, as pessoas aprendem a avaliar-se, a estimar-se ou a odiar-se. Elimina-se quem resiste ou negocia-se por impossibilidade de proceder de outra maneira: eis a regra mais frequente na África e, mais ainda, na Ásia.

Abstenhamo-nos, efetivamente, de estender ao planeta inteiro a sombra do *conquistador* que arrasa tudo à sua passagem: invasores na América, continente em que são portadores de epidemias devastadoras, os ibéricos desempenham o papel de *outsiders* na Ásia, quando não perecem vítimas das febres nas regiões litorâneas da África ou submersos nos inumeráveis naufrágios pelos diversos mares do globo. Colono, missionário, administrador, parceiro comercial, artista ou trânsfuga que se muda para outros mundos, o europeu familiariza-se com a presença dos outros: os índios do México e dos Andes, os escravos e aristocratas da África, os brâmanes e muçulmanos da Índia, os piratas chineses, os samurais japoneses, além dos mulatos e dos mestiços de todas as origens e de todas as cores. A experiência no terreno concreto com todos os seus perigos e suas ambiguidades cotidianas, acrescentada a um amontoado de informações coletadas localmente, inspira assim um número considerável de textos que, aliás, nem sempre são redigidos por europeus. Sem esquecer que os seres construídos ou demolidos nessas periferias foram infinitamente mais numerosos do que os escritos que nos permitem imaginá-los; da maior parte deles, o historiador não conserva nenhum vestígio.

O monopólio do olhar?

Os europeus do século XVI foram, certamente, os que multiplicaram, em maior número, os contatos e as incursões em todas as partes do globo, assegurando-lhes visibilidade planetária: o atlas de Abraham Ortelius, o *Theatrum Orbis Terrarum* (1570), além de ser uma invenção europeia, é uma encenação do globo que chegou às mãos de leitores tanto na América quanto na China e no Japão.

Nada de comparável se encontra em outras partes do mundo. Quando os turcos olham para a América do século XVI, é através do prisma de traduções italianas, aparentemente, sem nunca haverem tentado a mínima investigação local. Quando, nos primeiros anos do século XVII, o cronista mongol Tahir Muhammad escreve sobre Portugal, suas informações atinentes à Europa são aproximativas; ele chega mesmo a confundir o país com a cidade de Lisboa

(Subrahmanyam, 2005b, p. 39). Tais deslizes decorreriam de uma documentação de segunda mão ou de uma curiosidade superficial...? Alguém responderá que, na época, um cristão tinha mais facilidade para viajar por terras do Islã ou terras pagãs do que tinha um muçulmano para habitar entre os infiéis.[46] Mas é também verdade que os chineses ou os japoneses só excepcionalmente se dirigiam à América ou à Europa: se japoneses, comerciantes e embaixadores, põem o pé no chão da Nova Espanha e da Europa, e se chineses frequentam a Cidade do México e Lima, nenhum deles chega a produzir testemunhos suscetíveis de chamar a atenção. A narrativa da embaixada japonesa que atravessou a Europa católica é, na realidade, uma iniciativa da Companhia de Jesus: em cada página, é perceptível que ela segura a pena dos jovens japoneses (Sande, 1997).

Nem por isso, entretanto, haveria motivo para minimizar essa circulação de homens, coisas e ideias pelo simples fato de serem excepcionais. É assim que mestiços da América espanhola visitam a Europa, deixando vestígios de importância bem notória – basta pensar na *Rhetorica christiana* de Diego Valadés ou nas obras do inca Garcilaso de la Vega (Bernand, 2006). Alguns índios da América, tais como Domingo Chimalpahin ou Guaman Poma de Ayala, interessam-se pela história da Europa e do mundo. A atenção prestada pelos *daimio* do Japão à pintura maneirista e à cartografia europeia traduz-se nos suntuosos guarda-ventos que eles encomendam para adornar suas moradias; sua curiosidade pelo México e pelo Novo Mundo não precisa ser demonstrada. No princípio do século XVII, a corte do Grão-Mogol manifestou interesse tão entusiasmado pela obra gravada de Dürer que se chegou a falar de um *revival* do grande pintor alemão em terra indiana (Koch, 2001, p. 51, 57). Apostemos que a investigação aprofundada dos arquivos turcos, persas e asiáticos venha a enriquecer tal constatação, e que seja possível proceder a uma avaliação mais ajustada das circulações extraeuropeias e, *a fortiori*, daquelas que – à margem da monarquia católica – permeavam os espaços do Islã, na África e na Ásia, isto é, uma boa metade do mundo.

---

[46] Tal postura tenderia a desmentir os testemunhos coletados sobre os visitantes persas à Índia (Alam; Subrahmanyam, 2007).

Pensar o mundo

Inquietar-se com os outros – "E lá, no outro lado... que horas são?" – é já pensar o mundo. E pensar o mundo, não mais como uma esfera abstrata, em sua maior parte, desconhecida e imaginária, mas como um globo – "um globo ou uma esfera perfeita com seus limites, sua redondeza e sua grandeza" (ACOSTA, 1979, p. 17) – povoado por um grande número de seres e de sociedades a quem, daí em diante, é possível ter acesso: eis a primeira revolução. A segunda revolução consiste em tomar consciência da diversidade dos povos encontrados por ocasião dos descobrimentos, assim como dos vínculos de toda a espécie, e não apenas comerciais ou coloniais, que começam a proliferar entre os continentes. O desafio é sem precedentes: nas quatro partes do mundo, homens, mulheres, sociedades, crenças, faunas e floras entram, súbita e brutalmente, em contato. "A história começou a formar como que um todo orgânico; além disso, os acontecimentos, qual tecido que se urde, começaram a se entrelaçar uns nos outros".[47] Esse processo de globalização – que teria sido pressentido pelo historiador Políbio, perante a unificação romana do mundo – concretiza-se na revolução mental, física e existencial que se impõe no decorrer do século XVI como o resultado da expansão europeia. Torna-se necessário, desde então, organizar as novas cartas do jogo planetário para transformar esse *maelström* de impressões e de informações em uma matéria pensável e modificável ao sabor dos encontros e das descobertas. Como abranger em um único olhar[48] as ligações que, na época, se generalizam entre as quatro partes do mundo já que, pela primeira vez, a África se comunica com a América, e a América, com a Ásia? De que maneira interpretar essa dinâmica planetária, sem precedentes para os europeus e, igualmente, desconcertante para os muçulmanos habituados a contemplar outros horizontes? Tanto em Istambul quanto na Cidade de México – centros ou periferias? –, há quem esteja interessado em refletir sobre essas questões.[49]

---

[47] François Hartog em sua "Introdução" em Políbio (2003, p. 19).

[48] François Hartog se questiona acerca da maneira pela qual o historiador grego vislumbra a história do mundo, sobretudo como uma história "geral" ou global, em vez de uma história universal: "Políbio confere, enfim, uma feição espacial, geográfica, à sua história, deslizando do geral (*to katholou*) para o católico (*historia katholike*)" (*ibid.*, p. 20-23).

[49] Rodrigo de Vivero (1972) emprega a noção de *mapa general*.

CAPÍTULO 3

A Internacional dos cosmógrafos

Será que os eruditos são iguais aos insipientes?
Alcorão, surata 39, versículo 12
(citado em Tarih-i Hind-i garbi,
cf. GOODRICH, p. 73)

A priori, a separação entre as duas cidades é total: a distância, o passado, as religiões, a geopolítica... Istambul é o centro do poder de uma das maiores potências do globo, o Império Otomano, enquanto a Cidade do México é apenas a capital de um reino americano, ligado à coroa de Castela. Os turcos herdaram um passado milenar de Bizâncio e do Império Romano, enquanto os habitantes da Nova Espanha constroem um Novo Mundo. Uns são muçulmanos e estão imbuídos de seu papel no seio do Islã, ao passo que os outros são cristãos orgulhosos por se encontrarem nos postos avançados da cristianização do mundo. Em resumo, histórias completamente diferentes desenrolam-se nesses dois pontos do globo. Seria possível, apesar de tudo, que os eruditos das duas cidades viessem a compartilhar alguns pontos de vista? A unificação do mundo estaria suficientemente avançada para que as mesmas molduras de pensamento fossem suscetíveis de se impor a Istambul e à Cidade do México?

Cosmógrafo do rei e astrônomo do sultão

As referências que compõem o *Tarih-i Hind-i garbi* e as mais sensatas hipóteses transformam o Anônimo de Istambul em um cosmógrafo e um astrônomo bem informado das coisas de seu tempo; ele está familiarizado não só com os grandes textos cristãos sobre a América, mas também com a ciência árabe e persa ou com os saberes da Antiguidade. Será que isso é motivo de espanto? Na segunda metade do século XV, pouco depois da tomada da cidade, o sultão Mehmed II (1444-1481) preocupou-se em atrair cientistas do mundo muçulmano para a capital de seu império, chegando a chamar para junto dele, em 1471, o grande astrônomo de Samarcanda, Ali Qushji, o qual transfere para Istambul sua volumosa biblioteca (ROGERS, 1991; BROTTON, 1997, p. 99). Servindo-se de sua posição na encruzilhada das rotas da Europa e da Ásia, a cidade oferece os recursos de aprofundar os saberes dos árabes, dos persas, dos bizantinos e dos cristãos. Sem negligenciar o legado antigo: discute-se e retraduz-se a obra de Ptolomeu, retomam-se seus mapas, e outros são adquiridos na Itália, quando não são graciosamente oferecidos por seus autores. Grandes obras históricas são publicadas. Em suma, as margens do Bósforo revelam-se singularmente favoráveis à reflexão cosmográfica e à pesquisa histórica. Um trecho do prólogo de nossa crônica otomana evoca este clima de busca intelectual:

> Desde há muito tempo, a partir de um longo período, protegendo-me da inclemência de tempos difíceis e escapando à sua penosa influência, dediquei meu cabedal de vida e de saúde a objetos de saber, à aquisição do conhecimento e às belas ciências...

Se é permitido imaginar as etapas da formação do Anônimo na capital de Solimão, o Magnífico, nada sabemos do que o impeliu – diferentemente de seus confrades – a interessar-se pela América e a reunir "fontes confiáveis" e mapas recentes (A, p. 73, 75); de qualquer modo, não foi a vontade de retomar a herança dos primeiros especialistas turcos da América que ele não cita, nem chega a utilizá-los. Os motivos religiosos não devem ser excluídos, mas será que eles serão suficientes para justificar sua fixação na "Nova Índia", sua consciência perspicaz do que representa tal desafio na cena planetária, seu gosto pelo conhecimento, inclusive, de origem cristã e, *last but not least,* um espírito crítico que não hesita em contradizer autores mais reputados?

Pelo contrário, sentimo-nos mais à vontade com Heinrich Martin (MORENO CORRAL, 1999). No México, o nosso alemão exibe o título de cosmógrafo do rei: cargo instituído pela coroa de Castela para informar o Conselho das Índias acerca "das terras e províncias, viagens e rotas que devem seguir nossos galeões, nossas frotas e nossas naus que vão e voltam" (RODRÍGUEZ-SALA, 1998). O cosmógrafo tem a missão de estudar os eclipses e os movimentos dos astros, além de medir a latitude e a longitude "das terras, cidades, aldeias, rios e montanhas". Presume-se, igualmente, que ele esteja encarregado do ensino da matemática, desenvolvendo um programa de três anos: após um primeiro ano dedicado ao comentário de *Tractatus de Sphæra Mundi* (Tratado sobre a Esfera do Mundo) de Johannes de Sacrobosco[50] e ao estudo de *Theoricae novae planetarum* (Novas teorias dos planetas) de Georg von Peurbach,[51] ele ocupa o segundo ano a ensinar os primeiros seis livros de Euclides e a *Sintaxis Mathematica*, ou seja, o *Almagesto* de Ptolomeu. No programa do terceiro ano, figuram matérias associadas à cosmografia e à navegação, bem como a prática do astrolábio. A partir da segunda metade do século XVI, todos esses conhecimentos estão disponíveis na Cidade do México, nos conventos das ordens mendicantes, na Universidade e entre os jesuítas. Textos importados por editores e livreiros – entre os quais *De revolutionibus orbium caelestium* (Sobre a revolução das órbitas celestes) de Copérnico (1473-1543)[52] – são colocados à disposição do público letrado por várias bibliotecas; a esse material pode-se acrescentar ainda a produção dos prelos da capital. A partir de 1557, o agostiniano Alonso de la Veracruz publica sua *Physica speculatio*, que retoma o essencial da astronomia e da cosmologia de Aristóteles e de Ptolomeu, sem ignorar totalmente as contribuições de Copérnico (NAVARRO, 1992; BARRANÓN, 2004). Desde 1556, na Cidade do México, imprime-se um compêndio de aritmética e, em 1587, é publicada uma obra de introdução à cosmografia e

---

[50] Trata-se do astrônomo e matemático inglês, John de Holywood (1190-1244). (N.T.).

[51] Tendo nascido perto de Linz (Áustria), Georg von Peurbach (1423-1461) ensinou astronomia e matemática; além de ter sido professor de Johann Müller, dito Regiomontanus (1436-1476), astrônomo alemão, ele preparou o caminho aos defensores do sistema heliocêntrico.

[52] Nyculao Copernico, *De reboluciones celestes*, ver Moreno Corral (1999, p. 59).

à astronomia (DÍEZ, 1556).[53] Nos casos mencionados – será que é necessário sublinhar tal fato? –, trata-se das primeiras obras, em cada área, lançadas no continente americano.

Nosso cosmógrafo alemão não é, contudo, o primeiro da sua arte a instalar-se na Nova Espanha. Já em outras oportunidades, ao enviar peritos para além-Atlântico, a coroa espanhola havia manifestado sua vontade de desenvolver o conhecimento das novas terras. Um cosmógrafo português, originário de Viana, Francisco Domínguez de Ocampo, torna-se assistente do médico Francisco Hernández nos trabalhos de botânica e de zoologia que este dirigiu entre 1570 e 1577. No limiar da década de 1580, dezenas de *Relatórios geográficos* arrolam inumeráveis informações sobre a geografia física, a história natural e os recursos físicos e humanos da Nova Espanha e do Peru. Em 1584, cerca de cinco anos antes da chegada de Heinrich Martin, uma missão científica observa, na Cidade do México, um eclipse da Lua: a observação é conduzida por um cosmógrafo de Valência, Jaime Juan, e pelo armeiro do rei, Cristóbal Gudiel; eles contam com a assistência do português Francisco Domínguez de Ocampo. Heinrich Martin insere-se, portanto, em um ambiente científico que já havia acumulado consistente experiência das realidades americanas.

Uma vez instalado na capital mexicana, nosso homem acompanha os progressos da colonização do Norte do continente, constituído por uma grande quantidade de terras ainda desconhecidas, susceptíveis de abrigar riquezas inestimáveis. Ignora-se se ele tomou parte na expedição de Juan de Oñate, que, em 1598, foi enviada para fundar um entreposto no reino de Quivira;[54] no entanto, é provavelmente ele quem elabora um dos primeiros mapas do Novo México.[55] Na época, o Oceano Pacífico – o "Mar do Sul" – oferece, igualmente, perspectivas aliciantes e regiões litorâneas, em princípio,

---

[53] Sobre a questão do rápido desenvolvimento das ciências no Novo Mundo, ver Cañizares-Esguerra (2006).

[54] Território que, no início da época colonial, fazia parte de uma região mítica que continha sete cidades repletas de riquezas e que, supostamente, se encontrava em algum lugar ao norte da Nova Espanha, ou seja, o atual Kansas dos EUA. (N.T.).

[55] "Rasguño de las provincias de la Nueva México" (MATHES, 1976; MARTÍNEZ [1600]).

ao abrigo das incursões dos rivais europeus. Em 1602, à frente de uma expedição de colonização, reforçada por uma missão científica composta de dois cartógrafos e de um cosmógrafo, Sebastián Vizcaíno é incumbido de explorar o litoral da Califórnia. A viagem é coroada de sucesso e, na Cidade do México, os serviços de Heinrich Martin são, de novo, requisitados: ele reproduzirá os trinta e dois mapas do litoral mexicano do Pacífico, desde Navidad até o Cabo Mendocino, organizados pelo cosmógrafo Gerónimo Martín Palacios (novembro de 1603).[56] Nosso alemão vê-se, portanto, bem enredado em questões importantes para a geografia dessa parte do mundo: a colonização do território que se tornará o Sul dos Estados Unidos, o reconhecimento das regiões litorâneas da América do Noroeste e a busca da passagem para a Ásia – esse misterioso Estreito de Anian,[57] que deixava intrigados todos os cosmógrafos europeus. Frequentador das terras do Norte Europeu e da Península Ibérica, Heinrich adquiriu, portanto, igualmente um bom conhecimento da América do Norte.

Uma cosmografia compartilhada

Cosmógrafo nômade, à semelhança de Martin, ou mais sedentário como o Anônimo, os dois cientistas depositam toda a confiança em Ptolomeu. Seja na Cidade do México, seja em Istambul, pouco antes do ano mil da Hégira ou pouco depois de 1600, seria impossível pensar o mundo fora de uma moldura global, de um suporte "científico" fornecido ainda, na época, pela cosmografia e pela astronomia da Antiguidade. Como esquecer que a cristandade e as terras do Islã compartilham uma tradição mais que milenar?

---

[56] Heinrich Martin foi também o autor de um relatório *"Sobre las ventajas que podrían traer el descubrimiento, conquista y pacificación de las Califórnias"* (AGI, Mexico, 372). Ver também *"Derrotero desde Acapulco al cabo Mendocino por Gerónimo Martin Palacios com los diseños de la costa hechos por Enrico Martínez, 8 y 19 de Noviembre 1603"* (Real Academia de la Historia, M. 23), assim como *"Treinta y dos mapas o croquis de la costa y puertos descubiertos por Sebastian Vizcaino desde el Puerto de Navidad hasta el cabo Mendocino"*, AGI, Gobierno, Audiencia de México, Legajo 372.

[57] O Estreito adotou o nome da província chinesa de Anian, mencionada em uma edição da obra de Marco Polo, datada de 1559. Em 1592, o navegador de origem grega, Juan de Fuca, reivindicaria ter navegado desde o Pacífico até o Mar do Norte.

Os letrados da capital mexicana e de Istambul são os depositários dos mesmos saberes antigos, na maior parte das vezes, transmitidos à cristandade latina pelos sábios de al-Andalus, de Bizâncio ou do Próximo Oriente. Daí, um constante efeito de eco entre Istambul e a Cidade do México, além de um consenso que, afinal, nada tem de surpreendente. Ouçamos o Anônimo de Istambul: segundo "os mestres da astronomia e os filósofos", o universo compõe-se de um conjunto de esferas encaixadas umas nas outras; de algum modo, elas estão empilhadas "como as páginas de um livro" (A, p. 77). A nona esfera, "a esfera maior, a mais bela e a mais ilustre é a de Atlas, que, na língua da *sharia* (portanto, em árabe), chama-se '*arsh*". "É o firmamento mais elevado, o que determina o tempo e as estações [...], ele domina soberanamente as outras esferas". Essa esfera engloba o espaço do éter, o "oitavo céu", que, por sua vez, contém as estrelas e as doze constelações ou – como escreve Heinrich Martin na Cidade do México – "é o lugar em que se encontra a multidão das estrelas fixas" (HM, p. 5). Tanto o alemão da Cidade do México quanto o Anônimo de Istambul enumeram, em seguida, as diferentes esferas até à última, aquela que corresponde à Terra, a respeito da qual eles estão de acordo para considerá-la o centro do universo; nas duas cidades, o geocentrismo impõe-se sem restrição.

A tradição antiga torna legítimo também um discurso "científico", construído em torno da teoria dos quatro elementos: fogo, ar, água e terra. Dessa teoria, deriva um sistema de interpretações dos fenômenos celestes e naturais que afeta a última esfera, nossa terra, composta, como se sabe, de terra e água. Concordância também sobre a forma esférica da Terra: para Heinrich Martin, como para o Anônimo, essa é redonda, o que explica que, ao caminhar sem desvios em direção ao Leste ou ao Oeste, o viajante tem a certeza de voltar ao ponto de partida. Pelo fato de que a Terra é, também, um globo, o Anônimo imagina túneis que nos levariam aos antípodas de nosso planeta: "No pressuposto de que fosse escavado um buraco em linha reta desde a Andaluzia, desembocar-se-ia na região do Sind" (A, p. 79). Enfim, a Terra é um corpo que pode ser medido e dividido, que possui um polo norte e um polo sul, além de ser compartilhado por dois hemisférios separados por um equador.[58] Sabe-se como calcular seu diâmetro e sua circunferência. Ao determinar a latitude e a longitude, será possível situar, até mesmo, com precisão, qualquer ponto no globo "e a relação de cada território com os outros se torna cristalina e evidente" (A, p. 80, 86; HM, p. 118).

Ou, dito de outra maneira, para descrever a "máquina do mundo", Heinrich Martin e seu homólogo oriental utilizam a mesma linguagem milenar e as mesmas ferramentas legadas pelos cientistas da Antiguidade. Mesmo que, para o Anônimo – citando al-Masudi, um dos historiadores e geógrafos mais prestigiados do mundo árabe –, esse saber remonte a origens anteriores aos próprios gregos, pois é na Índia que, pela primeira vez, teria sido elaborada a descrição do céu e das constelações (A, p. 137).[59] Tal concordância de pontos de vista, na verdade, surpreende menos do que a maneira como as ideias da Antiguidade se fixaram, daí em diante, em um novo continente, prosseguindo a expansão iniciada pelos gregos e pelos romanos. O desdobramento da globalização ibérica passa pelo aprimoramento de uma representação do mundo, oriunda do Oriente e da Antiguidade, antes de ser ativamente substituída pela ciência árabe.

"Notícias recentes"

Esses saberes antigos não deixam de suscitar alguns problemas: como conciliar conhecimentos de origem pagã (Aristóteles, Alexandre, Ptolomeu) com as formulações de cunho sagrado da Bíblia e do Alcorão? Compreende-se que, ao citar Aristóteles e Platão para explicar suas ideias sobre a criação do mundo, Heinrich Martin sinta logo a obrigação de refutá-los, opondo-lhes as Escrituras. Mas o cerne da questão encontra-se alhures. Como não levar em conta as descobertas do século XVI que questionam uma série de afirmações que, durante muito tempo, haviam sido consideradas incontestáveis? O conhecimento aprofundado dos antípodas demonstrou os limites

---

[58] O Anônimo contrapõe o hemisfério Norte, sede da prosperidade, a um hemisfério Sul, ainda *"unknown and veiled or [...] entirely submerged by sea water"* (A, p. 82). Ver Hagen (2003, cap. II, p. 79-120).

[59] Estes saberes foram reunidos em uma obra, *Surya Siddhanta,* tratado astronômico escrito na Índia, cerca do ano 400. Além dos trabalhos de Aryabhatta, matemático e astrônomo da Índia (476-550), o Anônimo acrescenta a essa publicação o *Almagesto,* de Ptolomeu.

dos saberes antigos, incluindo os argumentos dos Padres da Igreja[60] que negavam a possibilidade de vida no hemisfério Sul e na zona tórrida. Entretanto, essas ideias obsoletas não deixam de oferecer enorme resistência à mudança; no final do século XVI, continuam sendo discutidas, apesar dos testemunhos irrefutáveis relatados por milhares de viajantes, depois de um século. Heinrich Martin experimenta até a necessidade de terçar armas com um de seus contemporâneos, enquanto nosso Anônimo é obrigado a recordar algumas verdades que se impõem: não só a zona tórrida é habitada, mas também, ao sul dessa região, foram encontradas – leia-se: "os cristãos descobriram" – zonas frias submetidas aos rigores do inverno.

A tarefa do Anônimo é ainda mais delicada na medida em que a amálgama dos saberes antigos com a ciência árabe e a ciência persa é tão refinada que o questionamento da tradição tem repercussões sobre a credibilidade dos cientistas do Islã, *a fortiori*, quando as "notícias recentes" são oriundas da cristandade. De fato, nosso autor não se refere apenas ao Ptolomeu da *Geografia,* mas cita um grupo de cientistas árabes e persas preponderantes na transmissão dos conhecimentos antigos e no pensamento científico, entre os séculos IX e XV, ou seja, todos "os que são versados em astronomia e os que são dotados de uma sabedoria superior". Entre eles, encontra-se o bagdadi al-Masudi, geógrafo e historiador (falecido em 956), "portador de uma tradição antiga e providencialista da história",[61] o astrônomo persa Nasir al-Tusi, o cosmógrafo persa al-Kazwini (falecido em 1283), Mawlana Nizam, o cientista árabe Ibn al-Wardi (falecido em 1457),[62] aos quais vêm juntar-se "os sábios da Índia". Ora, além de ser levado a contradizer todos esses autores em decorrência dos descobrimentos hispano-portugueses, ele tem de constatar que o conhecimento deles a respeito do Velho

---

[60] Teólogos dos primeiros séculos (até o século VII) da Igreja Católica, responsáveis pela sistematização das doutrinas fundamentais do cristianismo, tendo desenvolvido as teses que constituem a base da filosofia cristã. (N.T.).

[61] Tendo nascido em Bagdá e viajado pela Espanha, pela Índia e pela China, al-Masudi passou os últimos anos de sua vida na Síria e no Egito.

[62] Nasir al-Din al-Tusi (1201-1274), astrônomo e médico persa, foi um dos criadores da trigonometria; sua obra teria influenciado os trabalhos de Copérnico. Por sua vez, Ibn al-Wardi é o autor de *Kharidat al-'adja'ib* [*Tesouro de maravilhas*].

Mundo também deixa a desejar. Daí, o aparato de precauções de que se arma – "eis o que o modesto escritor atreve-se a defender..." – sempre que é levado a apontar ou a corrigir informações duvidosas ou, até mesmo, errôneas.

Para dizer a verdade, um grande número de fábulas e clichês continua obstruindo sua visão. Se lhe for dado crédito, a ilha de Tule seria a última região habitada na direção do Norte; os povos mais setentrionais distinguir-se-iam pela sua bestialidade, sua estupidez e sua lascívia; na ilha de Sarandusa (Ceilão?), o ouro seria transbordante a tal ponto que todos os instrumentos e objetos seriam forjados nesse precioso mineral; nos mares da Índia, da China e do Golfo Pérsico, haveria gigantescos turbilhões que engoliriam os navios arrastados para essas paragens; o Anticristo viveria aprisionado em uma ilha do Mar da China... Em compensação, o Anônimo não hesita em questionar outros casos, também fabulosos, narrados por autores árabes ou persas, "mestres na composição e compilação". As críticas pipocam contra seus predecessores. Nem mesmo o Heródoto dos árabes é poupado: "Al-Masudi que, entre os historiadores, é considerado por todos como um mestre na arte da discussão, desconhece a verdade em sua área de conhecimento e engana-se em grande quantidade de obras". O prestigioso Ibn al-Wardi não merece melhor sorte: "É verdade que os estranhos erros do autor de *Kharidat al-'adja'ib* ultrapassam todos os limites e o mapa que ele coloca no começo de seu livro não pertence ao reino da verdade" (A, p. 110-111). De fato, o Mar da Crimeia não tem ligação com o Atlântico, nem as águas do Báltico se comunicam com o Bósforo, tampouco é possível confundir o Mar Negro com o Mar de Azov...

A crítica das autoridades torna-se ainda mais sistemática quando o Anônimo aborda a questão do Novo Mundo. "Os Anciãos da Ulemá", isto é, os intérpretes da lei muçulmana, defenderam que o oceano não tinha limites e, antes deles, Ptolomeu havia escrito que ninguém os conhecia. Se as Colunas de Hércules foram erguidas nos confins do Mediterrâneo, foi para lembrar aos humanos que era impossível avançar mais adiante nesse 'Mar de Trevas'" (A, p. 143). Ignorância tanto mais desfavorável na medida em que os cristãos foram os primeiros a dizer a verdade e a tirar proveito disso para a difusão de sua fé e para a expansão de seu comércio. Daí a necessidade de adiantar uma série de contrainformações susceptíveis de atenuar a novidade absoluta do descobrimento da América: um denominado Khashkhash teria viajado pelo oceano antes de regressar à Andaluzia com "enorme butim" e histórias estranhas.[63] No princípio do século IX da Hégira (ou seja, no século XV), pessoas da Andaluzia teriam alcançado o limite do mar "sem fim" (IDRISI, 1989). Por último, é bem possível que, desde a época de Alexandre, os gregos tenham encontrado um navio oriundo do Novo Mundo. Será suficiente esse número reduzido de evocações? De qualquer modo, elas não o impedem de apresentar o mais fielmente possível, baseado em informações exclusivamente cristãs, a "Nova Índia" (A, p. 118-120, 146).[64]

Ainda resta outro ponto a respeito do qual nossos cosmógrafos são unânimes. Sejam quais forem as críticas dirigidas a seus predecessores ou à opinião comum, ambos, tanto o cristão como o muçulmano, cuidam bem de inscrever sua cosmografia em um quadro religioso impecavelmente ortodoxo: por exemplo, lembrando que Deus é o criador do mundo (segundo Heinrich Martin) ou que a última esfera é a morada de Deus (segundo o Anônimo). As novas informações coletadas sobre a América acabam simplesmente por corroborar "a sabedoria dos versículos corânicos"; além disso, as Sagradas Escrituras dos cristãos não podem ser consideradas como equivocadas. O controle da Inquisição, na Cidade do México, é tão inevitável quanto os guardiões da *sharia*, em Istambul: será, então, de admirar que, na visão sobre a América, os dois autores compartilhem a mesma recusa em relação ao paganismo indígena, à idolatria e ao canibalismo? Essa proximidade de pontos de vista é até acompanhada, no caso do Anônimo, por alguns deslizes involuntários: apesar de todas as precauções, ele chega a servir-se do calendário cristão sem convertê-lo ao cômputo islâmico (A, p. 74, 157, 153). Compreende-se que ele tenha preferido manter um prudente anonimato.

---

[63] Originário de Córdova, Khashkhash Ibn Said Ibn Aswad partiu de Delba (Palos) e chegou a um território desconhecido ("*ard marjhula*") de onde regressou com fabulosos tesouros. O mapa do mundo de al-Masudi indica essa zona no oceano das trevas e das brumas.

[64] O Anônimo regista a possibilidade de uma extensão do continente americano no hemisfério norte até a China.

Os sete climas do globo...

"De Abdet ibn Abi Lubaba, retirei a ideia de que o mundo é composto por sete climas" (A, p. 141). De fato, por trás do cientista muçulmano, falecido em 741, dissimulam-se as ideias do geógrafo de Alexandria, Cláudio Ptolomeu (c. 100-170), que dividia o globo em sete climas, isto é, em sete zonas térmicas ou climáticas. O Anônimo enumera, portanto, sete climas que compõem outras tantas zonas paralelas ao Equador, no interior das quais a duração do dia mais longo varia apenas de meia hora a uma hora.[65] Essas divisões – que figuram também nos mapas-múndi europeus da Renascença – limitam-se a abranger uma porção do globo que se estende da China e do Extremo Oriente até o Oceano Atlântico. Eis-nos perante o ecúmeno clássico, estendido em direção ao Oriente, ao ritmo da progressão do Islã. É no segundo clima que se encontram "a cidade de Maomé" (Medina), Meca e a "África" (Tunísia). O terceiro clima agrupa Kabul, Bagdá, Damasco, Jerusalém, Alexandria, Kairuan, Trípoli e Fez. O clima seguinte, 4º, engloba regiões que vão do Tibet e do Khorasan[66] até Córdoba, a Espanhola, e a Andaluzia Meridional. Por sua vez, a cidade de Valência e a Andaluzia Oriental pertencem ao quinto clima, pela mesma razão que as terras lendárias e assustadoras de Gog. Os países dos francos, a Bulgária e Constantinopla figuram no sexto clima; ao menos em princípio, porque o autor pretende efetivamente corrigir a posição de Istambul, "a sede do trono do Estado Otomano", o qual, segundo seus cálculos, se situaria de preferência no centro do quinto clima.

Nada de divisões em continentes, nem continente dominante, mas um conhecimento centrado no Mediterrâneo Oriental e no Próximo Oriente. Nada de etnocentrismo no sentido em que Istambul – "o lugar da prosperidade e a sede do trono do sultanato" (A, p. 92, 101) – ou o Império Otomano viessem a aparecer como uma cidade e uma região privilegiadas do mundo, mas de preferência um islamocentrismo real ou virtual. Se o Anônimo permanece globalmente fiel a Ptolomeu (a *Geografia*) e a seus intérpretes árabes

---

[65] Ptolomeu enumera oito. Ver Broc (1996, p. 9) e Peduzzi (2008).
[66] Região no Nordeste do Irã. (N.T.).

(al-Masudi), sua concepção do mundo tem igualmente a vantagem de se adaptar perfeitamente a um Islã que se estendeu das praias do Atlântico até o Extremo Oriente. Deste modo, ele compartilha uma visão do mundo que no mínimo já contava setecentos anos. Desde o século IX, em um relatório anônimo sobre a China e a Índia (*Voyageurs arabes...*, p. 12), o autor árabe não afirmava que o universo comportava quatro soberanos: o califa, o imperador da China, o rei da Índia e o imperador bizantino? O islamocentrismo do Anônimo adota, até mesmo, uma ênfase amargurada: de fato, segundo parece, ele interessa-se tanto pelas terras perdidas em benefício da cristandade quanto pelos territórios em que o Islã reina sem partilha. As páginas dedicadas à beleza da Sicília, antiga terra do Islã que acabou caindo ignominiosamente nas mãos dos infiéis, dispensam qualquer comentário (A, p. 115): se, após sua conquista pelos muçulmanos, ela veio a ser "um centro para o povo do Islã", sua perda entregou-a às "trevas da incredulidade e da ignorância". A queda do Reino de Granada suscita tal consternação em nosso autor, que ele não hesita em evocar a resistência subterrânea dos muçulmanos ao cristianismo nas terras da Andaluzia:

> Sendo obrigados a viver às escondidas, milhares de pessoas piedosas e devotas rezam e adoram, servindo-se do expediente da oração. Com o coração triste e à mercê de uma existência penosa, elas elevam suas preces e suas mãos para Deus, a fim de que um comendador do Islã, um homem de ação, venha a assumir a bandeira da audácia e da determinação.

Lembremos que a expulsão dos mouriscos da Espanha, já na ordem do dia em 1580, está ainda para acontecer. Longamente descrita, a beleza incomparável da mesquita de Córdoba suscita nele nostalgia e raiva: "Não é conveniente que lugares santos de culto e mesquitas belas, como essa, venham a converter-se em igrejas ou que os túmulos de pessoas piedosas e as moradias dos ulemás sejam cobertas de imundície" (A, p. 152.).[67] Por sua vez, o mundo não

---

[67] A descrição dessa parte do mundo impele o autor a fazer apelo ao *djihad* e a evocar a façanha de Tarik, que, acompanhado por um punhado de homens, chegou a apoderar-se da Andaluzia.

muçulmano só aparece, a bem da verdade, em segundo plano, ao mencionar a Índia para além do Oceano Índico (A, p. 95), a China ou, ainda mais longe, a Europa Setentrional.

A abertura para a América subverte essa ordem do mundo. Percebe-se que o autor sofre para integrar a "Nova Índia" ao mundo antigo, ao ecúmeno ptolemaico e muçulmano; provavelmente, porque todos os fios que a mantêm ligada à Europa, à África ou à Ásia estão nas mãos dos cristãos. Será o Anônimo, por isso, um pioneiro em seu domínio? Pelo contrário, tudo indica que, a partir do começo do século XVI, os ambientes turcos acompanham atentamente o desenrolar dos grandes descobrimentos, mostrando-se perfeitamente habilitados para obter uma informação de qualidade. É assim que o almirante Piri Reis conseguiu adquirir um mapa de Cristóvão Colombo, datado de 1498, prova de que o tráfico de informações sobre as grandes descobertas não se limitava à espionagem italiana em Lisboa e Sevilha. Piri Reis era também um cartógrafo e um observador experiente: seu mapa-múndi contém os primeiros comentários turcos sobre o novo continente; além disso, sua coletânea destinada à navegação – o *Kitab-i Bahriye*[68](1521) –, copiado inúmeras vezes, inclui dados sobre as terras americanas. A bem da verdade, parece que o Anônimo de Istambul não chegou a utilizá-la, tampouco suspeitou de sua existência. Outras fontes turcas manifestam interesse pela América: é o caso, em meados do século, em 1554, de uma obra dedicada ao Oceano *(al-Muhit)* que enriquece sua apresentação do Mar Vermelho e do Oceano Índico com considerações sobre o Novo Mundo, a terra de Magalhães *(Magellanica)* e o Pacífico. Essa compilação deve-se, igualmente, à pena de um almirante da frota otomana, Seyyidi 'Ali Re'is, também conhecido como Katib-e Rumi (BONELLI, 1894).

Em Istambul e no Império Otomano, era possível encontrar grande quantidade de europeus, cristãos, judeus ou renegados convertidos ao Islã, susceptíveis de gerar notícias a respeito da expansão ibérica, de fornecer mapas e relatórios, além de introduzir plantas e

---

[68] "Livro da ciência marítima" (A, p. 11).

objetos. Não é verdade que o almirante Seyyidi 'Ali Re'is reivindicava ter obtido sua informação de um capitão português que teria dado a volta ao globo? Não foi um húngaro renegado, Ali Macar Reis, que elaborou, em 1567, um mapa-múndi conservado atualmente em Istambul?[69] E, até mesmo, é bem possível que Antonio Pigafetta, o cronista de Magalhães, tenha findado seus dias nas margens do Bósforo (SCHURHAMMER, 1963).

Vista de Istambul, a América – denominada "Nova Índia" – está situada entre o Oceano Ocidental e o Oceano Oriental. E divide-se em duas partes: as terras do Norte ou *Yeni Ispanya* (a Nova Espanha) e as terras do Sul (o Peru). A parte setentrional do continente é ainda desconhecida; no entanto, segundo o Anônimo, seu litoral ocidental encontrar-se-ia com as terras de Çin e Macin, isto é, com a China. É, aliás, o que pensavam e escreviam os geógrafos cristãos da época. O Sul está inteiramente ocupado pelo Peru espanhol, em detrimento de um Brasil reduzido à sua expressão mais simples, "uma cidade denominada Brasil submetida aos portugueses" (A, p. 146, 302): prova da influência dissimulada do controle espanhol, pouco propenso a ter em conta a América portuguesa, ou reflexo de uma presença muito mais discreta que no Oceano Índico?

...ou as quatro partes do mundo?

À semelhança do Tarih-i Hind-i garbi, o *Repertório* pretende oferecer uma ideia global da terra firme. Mas, nesse aspecto, nosso alemão distancia-se de Ptolomeu e de seu homólogo muçulmano. De maneira sucinta e que se tornou banal em seu tempo, ele divide o planeta em quatro partes que correspondem à Europa, à Ásia, à África e à América (BINDING, 2003, p. 245). Para Heinrich Martin, é evidente que a Europa é a parte principal do mundo: ela estende-se da Polônia e da Hungria até a Espanha e a Inglaterra, "embora esta seja uma ilha" (HM, p. 119). A Ásia, "tão famosa entre os autores", é apenas a segunda parte do mundo. Entretanto, ela poderia pretender à primazia por várias razões: não foi ela que

---

[69] Tratar-se-ia da cópia de um mapa de Gastaldi de 1560 (A, p. 14, n. 24).

teve o primeiro homem, Adão, e as primeiras grandes monarquias do mundo – assírios, persas e medos? Nesse território é que Nosso Senhor viveu e morreu na cruz; aí, foi escrita a Bíblia e, nesse continente, é que se encontram os lugares santos. A Ásia de Heinrich Martin começa com a Moscóvia,[70] território em que acaba de morrer Boris Godunov (1605), como se a viagem pela longínqua Curlândia tivesse incentivado nosso impressor a repelir a terra russa para fora da Europa.[71] O tártaro, o turco e o persa dominam essa parte do mundo, com exceção da *Ásia de Portugal* e a "grande China"; em compensação, nem uma palavra sobre o Império do Grão-Mogol, no qual, todavia, reina, nessa data, o onipotente Akbar. A África aparece como a terceira parte do mundo, reunindo várias e vastas regiões: Berbéria, Numídia, Líbia e a "Terra dos Negros", que se estende de Cabo Verde ao Cabo da Boa Esperança.[72] Uma quinta região, o Egito, abriga "a grande cidade do Cairo, chamada outrora Babilônia [que] figura entre as maiores do mundo" (HM, p. 119), mas é também a "terra dos mouros". Nos confins desse país islâmico, no coração da África, no reino da Núbia, vive o rei dos abissínios, "chamado comumente Prestes João": Heinrich mantém-se fiel a uma tradição antiga que colocava essa parte da África sob a dependência do lendário soberano.

Ignorada dos antigos, a quarta parte do mundo distingue-se facilmente por estar separada das outras três pelas águas do Oceano: é o "Novo Mundo"; Heinrich Martin não utiliza o termo "América". Ele estende-se por cerca de 2.200 léguas do norte ao sul e, por 1.300 léguas, do leste ao oeste. Essa parte do mundo não é, entretanto, a menos favorecida, muito pelo contrário: "[Ela] supera todas as outras em extensão e riqueza". É o florão da monarquia espanhola que possui ali "dois vastos reinos", o Peru e a Nova Espanha. Está fora de questão evocar esse Novo Mundo sem abordar o mistério da origem de seus habitantes, assunto que já fez correr muita tinta de

---

[70] Ou Grão-Ducado de Moscou, que antecedeu a constituição do Império Russo no início do século XVIII. (N.T.).

[71] Como se, mediante sua experiência em Curlândia, ele tivesse sido levado aos confins de uma Europa que exclui o Grão-Ducado.

[72] Subdivisões retomadas, provavelmente, do *Theatrum Orbis Terrarum* do antuerpiense Abraham Ortelius.

ambos os lados do Atlântico. De fato, se, após o dilúvio, os homens se tinham disseminado pelo planeta, deslocando-se da Ásia até a Europa e a África, como fizeram para alcançar a América? Ao fazer questão de participar desse debate, Martin rejeita uma chegada pelo mar ou pelos ares; inclina-se por um povoamento de origem asiática, por via terrestre, que teria utilizado o Estreito de Anian, ao norte do Oceano Pacífico. A hipótese asiática parece-lhe tanto mais convincente na medida em que, por ocasião de sua viagem à Curlândia, ele havia encontrado – como já foi mencionado – uma população que se assemelhava aos índios da Nova Espanha, membros, sem dúvida, da comunidade de origem finlandesa que, na época, povoava o Norte da região e cuja língua se distinguia das línguas eslavas.

De qualquer modo, o cristão da Cidade do México partilha, com o muçulmano de Istambul, a convicção de que – independentemente das diferenças entre eles e do lugar em que estejam – os homens têm origem e história comuns. Nada é inventado pelos dois, que se servem dos saberes milenares para descrever o mundo: a divisão em continentes não é mais "moderna" que a divisão em climas. Apesar de que o modelo continental se presta provavelmente, com maior facilidade, ao acréscimo de uma "quarta parte" do que o modelo "climático", considerando que este, para ser extensivo às terras americanas, deve pressupor um conhecimento aprofundado dos territórios e das latitudes do Novo Mundo.

CAPÍTULO 4

Antuérpia, filha de Alexandria

O processo fundamental dos Tempos Modernos é
a conquista do mundo enquanto imagem concebida
Martin Heidegger [1950],
Chemins qui ne mènent nulle part,
2006, p. 123

No século XVI, a mesma imagem do mundo impunha-se de Istambul à Cidade do México. Forjada desse lado do Atlântico, ela partiu à conquista do globo e difundiu-se na América, etapa crucial de um processo de uniformização dos imaginários que atingiu o ápice no século XX. No termo dessa dinâmica irresistível é que chegamos a compartilhar, por toda parte no planeta, a mesma representação do mundo que nos parece, ao mesmo tempo, natural e científica, quando, afinal de contas, é o resultado de uma construção e de um condicionamento, cuja evolução é perfeitamente identificável. A expansão da Europa Ocidental é bastante tributária do formidável ímpeto que impeliu seus geógrafos a se apropriarem intelectualmente do globo, a produzir sua imagem e, em seguida, a impor essa imagem à Terra inteira. Eis uma das vias empreendidas pela globalização europeia para ditar maneiras de ver, pensar e calcular – desenvolvidas no âmago das sociedades do Islã e da Cristandade – ao resto do mundo.[73]

---

[73] Sobre a distinção entre mundialização e globalização, ver Gruzinski (2004, p. 339-397).

O "príncipe dos geógrafos"

De Istambul à Cidade do México, mas também de Manila a Goa, concebe-se, então, a Terra e o universo à maneira de Aristóteles e de Ptolomeu, além das gerações de cientistas que os comentaram e glosaram. Aristóteles forneceu os fundamentos intelectuais e cosmográficos, enquanto a obra de Cláudio Ptolomeu serviu de base para a ciência geográfica e para os cálculos, como se a *Geografia* do sábio de Alexandria não tivesse sido apenas a "bíblia geográfica" dos cristãos da Renascença (BROC, 1996, p. 5; PRONTERA, 1990), mas sobretudo a de seus vizinhos muçulmanos. Sejam quais forem as correções introduzidas por seus contemporâneos – e a existência do Novo Mundo é uma alteração de vulto –, o príncipe dos geógrafos continua obcecando o intelecto dos cosmógrafos. Tal como seu homólogo turco, Heinrich Marin vê o globo e o cosmo com os olhos de Ptolomeu[74]: assim, ao evocar o ponto minúsculo que é a Terra no firmamento, ele cita o quinto capítulo do 1º livro do *Almagesto*. E, quando o Anônimo se interroga sobre a circunferência e o diâmetro do globo, e inclusive sobre a habitabilidade da Terra, vai mencionar igualmente essa obra (HM, p. 118; A, p. 80).

Afinal, o que representa Cláudio Ptolomeu para nossos dois autores? O geógrafo deixou duas obras principais: um tratado sobre a astronomia, conhecido sob o título que lhe havia sido atribuído pelos árabes, ou seja, o *Almagesto*; e seu *Guia para a geografia,* também denominado *Geografia* ou *Cosmografia*. Para redigir sua *Geografia,* esse homem do século II da nossa era estudou minuciosamente um acervo considerável de informações, em grande parte, oriundas do Oriente. Extraiu delas uma imponente síntese que, sem ter sido questionada, acabou transpondo vários séculos. Cristãos e muçulmanos tiraram daí ferramentas intelectuais e noções essenciais: em primeiro lugar, a ideia de que a Terra é uma esfera que se pode medir. Ptolomeu partilha essa certeza com ilustres predecessores, tais como Aristóteles, Pitágoras ou Eratóstenes: ele pretende estabelecer

---

[74] Em companhia de Sacrobosco, autor do *Tractatus de Sphæra Mundi,* resumo dos conhecimentos astronômicos e cosmográficos da Antiguidade, do qual são conhecidas cento e quarenta e quatro edições latinas; ver Broc (1996, p. 12).

uma imagem mais exata do globo, descartando mitos e superstições; propõe uma abordagem sistemática e metódica da representação do mundo, procurando resolver as dificuldades suscitadas pela configuração, em duas dimensões, de uma realidade esférica como a Terra. É também Ptolomeu quem idealizou os primeiros mapas orientados para o Norte, os meridianos e as escalas.[75] Parece que até elaborou um mapa-múndi enriquecido por outros vinte e seis mapas sobre a Europa, a África e a Ásia. Geografia prática e geografia matemática, aliança do cálculo com a imagem, visão englobante, a obra de Ptolomeu considera a Terra em sua totalidade;[76] acrescente-se que ele tem consciência de viver no seio de um universo em via de unificação sob o impulso da potência romana. Ptolomeu procurou pensar o mundo, tendo adotado os meios para realizar tal objetivo.[77]

Para resumir, desde o século XV, há quem se dê conta das lacunas do cientista que acumula erros de medida e de localização. Um grande número de questões permanece sem resposta: qual é a circunferência exata da Terra? A terra firme será inteiramente rodeada de água? Os mares serão mais extensos que os continentes? Em Istambul, o Anônimo procura fazer uma avaliação. Ele sabe que os viajantes que visitaram a região das nascentes do Nilo não encontraram o mar, mas que a extensão dos oceanos permitiu que as "calamitosas naus do malfazejo Portugal" descessem o Atlântico, contornassem as montanhas da Lua – "lugar em que se encontram as nascentes do Nilo"[78] – e chegassem ao Oceano Índico. Em relação a muitas regiões ainda mal conhecidas, Ptolomeu não tinha opinião. O Anônimo se questiona: qual seria a aparência, por exemplo, das regiões do Nordeste da Europa? O que era conhecido a respeito

---

[75] Além de interessar-se pela medida da Terra, ele propôs dois tipos cônicos de projeção e se questionou acerca da melhor maneira de elaborar um mapa-múndi.

[76] Os oito livros de sua *Geografia* descrevem um ecúmeno orientado no sentido oeste-leste, ocupando praticamente metade da porção norte da esfera.

[77] Ao reduzir o comprimento da circunferência calculada por Eratóstenes e ao considerar que a terra firme é mais extensa que os mares e os oceanos, Ptolomeu cometeu um duplo equívoco; no entanto, tais erros foram-lhe inspirados, certamente, pelo peso crescente da potência romana, uma potência terrestre de uma vastidão sem precedentes.

[78] A, p. 80, 83, 85: "*It is a strange circunstance and an unusual affair that one section of people full of calamity would exert itself so strongly in this way and would go from west to east and put up with the adversities of the wind and the trials of the seas.*"

das "ligações entre o golfo de que já falamos [o Báltico] e o Oceano Oriental [o Pacífico]"? (A, p. 110)

Ptolomeu árabe e Ptolomeu da Europa

Mas o Ptolomeu da Cidade do México não é absolutamente o de Istambul. A defasagem considerável que, durante vários séculos, havia dado vantagem aos cientistas de Constantinopla e do Islã inverteu-se no século XVI. Por um longo período de tempo, árabes e bizantinos haviam tirado proveito de um acesso privilegiado aos textos de Ptolomeu: além de terem conseguido salvaguardá-los do extravio ou esquecimento, eles souberam estudá-los da forma mais meticulosa possível. É graças a esse conhecimento que os geógrafos al-Khwarismi e Ishaq ibn Hunain (809-873),[79] o "Ptolomeu árabe", ou o monge Maximus Planudes (c. 1260-1310), fizeram progredir a ciência árabe e bizantina. Ora, se o mundo muçulmano utiliza, desde longa data, a *Geografia* – traduzida para o árabe, no século IX –, essa obra permaneceu desconhecida dos europeus; no mínimo, até que uma versão latina tivesse ficado à disposição dos estudiosos na Roma dos Papas, no início do século XV (ver MOMIGLIANO, 1983; POLÍBIO, 2003). Em seguida, esse atraso foi rapidamente recuperado. Em companhia da Bíblia, a *Geografia* é um dos primeiros livros impressos e conhece uma difusão considerável,[80] beneficiando-se de duas importantes reviravoltas associadas às origens da Renascença europeia: a queda do Império Bizantino e o rápido desenvolvimento da tipografia.

A obra de Ptolomeu virava as costas à representação medieval do mundo que, durante muito tempo, havia predominado na Europa Ocidental: de natureza essencialmente cristã e teológica, tal representação exprimia sobretudo uma interpretação religiosa, e não tanto uma imagem geográfica. A Terra tinha aí o aspecto de um disco plano sobre o qual três continentes – Ásia, Europa e África – desenhavam um T quase perfeito. No centro, a cidade de

---

[79] Este cristão nestoriano, do baixo Eufrates, aprende o grego e traduz uma centena de obras; por sua vez, o filho traduz Euclides.

[80] Em Vicenza (1475), depois, em Bolonha e Roma (1478). Para uma visão panorâmica, cf. Broc (1986).

Jerusalém assinalava o primado absoluto da referência às Sagradas Escrituras: centro do mundo e centro da História. O oceano rodeava toda a terra firme: eis uma imagem que vai perdurar, apesar do "retorno" de Ptolomeu e das evidências geográficas fornecidas pelas descobertas. É paradoxal que essa representação do mundo tenha chegado ao México, onde ela aparece, na década de 1570, sob o pincel dos artistas indígenas que decoraram o *Códex de Florença*: como se nada tivesse acontecido, o disco da Terra, dividido por um T invertido, continua apresentando apenas as três partes do Velho Mundo, ou seja, uma Terra sem Novo Mundo e, portanto, sem México nem índios!

Se a obra redescoberta do cientista de Alexandria impõe-se aos europeus da Renascença como uma referência incontornável, é porque ela oferece "uma janela mais completa e clara sobre o nosso mundo que qualquer outra obra disponível" (BINDING, 2003, p. 183). Ptolomeu pode estar errado, mas seu equívoco nada subtrai à acuidade de seu olhar, nem de seu método. Para os leitores dos séculos XV e XVI, a visão ptolomaica do mundo, além de ser revolucionária, possui algo de familiar e tranquilizador: seu eixo vital, o Mediterrâneo, banha duas penínsulas implicadas na história da Renascença e dos descobrimentos, a Itália e a Hispânia. Atualmente, estaríamos mais inclinados a pensar que as insuficiências e os erros dessa maneira de apresentar o mundo devem ter dificultado as atualizações impostas pela vaga contínua das descobertas. O que ocorreu é precisamente o contrário: essas lacunas foram o fator estimulante de uma curiosidade sem limites e de uma "intensa atividade intelectual, múltipla e atual, colocada sob o tema da redescoberta";[81] recurso, aliás, adotado pelos maiores cientistas desse período. Em 1578, na época da redação do *Tarhi-i Hind-i garbi,* o flamengo Gerardus Mercator publica uma enésima edição da *Geographia* antes de acabar seu *Atlas sive cosmographicæ meditationes* (BINDING, 2003, p. 194): homenagem do grande geógrafo ao cientista de Alexandria, cujos mapas, para dizer a verdade, tinham apenas interesse histórico retrospectivo (BROC, 1996, p. 8).

---

[81] Sobre a questão da relação com os antigos e do papel da Antiguidade no surgimento da modernidade, ver Tachot (2001).

O Ptolomeu de Flandres

No século XVI, os Países Baixos espanhóis e a Europa Setentrio-nal tornaram-se focos ativos de reflexão e de produção geográficas: eis a explicação para o fato de que Heinrich Martin não se interessa apenas pelo Ptolomeu de Alexandria. À semelhança de um grande número de seus contemporâneos, ele era amplamente tributário do Ptolomeu de Flandres. Assim, Heinrich tem em mãos o *Theatrum Orbis Terrarum* do antuerpiano Abraham Ortelius, que, por sua vez, havia pretendido rivalizar com o "príncipe dos geógrafos".[82] Desde a sua primeira edição, em Antuérpia, em 1570, o atlas de Ortelius alcançou sucesso considerável: o rei Filipe II, assim como o chanceler William Cecil, figuram entre os leitores assíduos dessa obra notável.

O que o nosso alemão de Hamburgo poderia encontrar nessa obra? O *Theatrum Orbis Terrarum* marca uma virada decisiva na história da representação do globo: é o primeiro atlas. Trata-se de um objeto e, ao mesmo tempo, de um instrumento que se tornaram familiares para nós, mas que haviam surpreendido e encantado sua época. A obra compõe-se de um único volume, fácil de consultar e de manipular.[83] O formato, que contrasta com os imensos ma-pas murais ou os globos da época, pesados e obstruindo o espaço, instaura uma proximidade inédita com todas as partes do mundo: a seu respeito, falou-se de uma "livraria sem paredes". Abraham Ortelius explica que pretendeu colocar à disposição de seus leitores um "armazém" – nós diríamos um banco de dados geográficos e bibliográficos sem precedentes – no qual os apaixonados pela geo-grafia viessem a encontrar tudo aquilo de que tivessem necessidade (BROTTON, 1997, p. 176, 123). Seu *Theatrum* é um inventário dos lugares do mundo a captar de vista, mediante uma série de conven-ções que apresentam as regiões do globo da mesma maneira, sempre agradável ao olhar e ordenada para o intelecto (MANGANI, 1998a e

---

[82] A primeira edição latina eleva-se a 325 exemplares. A versão holandesa foi publicada, desde o ano seguinte, com o título *Theatre oft Toonneel des Aerdtbodems*. Por sua vez, a versão francesa, *Théâtre de l'univers*, é dada à estampa, em 1572. Ver Binding (2003, p. 176).

[83] A carta de Gerardus Mercator que acompanha as edições sucessivas de *Theatrum* não se cansa de tecer elogios à comodidade de um objeto, facilmente acessível, que ocupa pouco espaço e é susceptível "de ser transportado por toda parte de acordo com o desejo do usuário", cf. Binding (2003, p. 225).

1998b). À maneira do Teatro Olímpico de Vicenza, ele permite ver e abranger tudo sem se deslocar. A harmonia estética do conjunto atenua qualquer referência aos conflitos que opõem os reinos e as religiões: homens e países coexistem no planeta, "nesta casa comum que o Criador preparou para o comum dos mortais" (BINDING, 2003, p. 202, 253). Sob a forma que Ortelius lhe conferiu, "a terra tornou-se portátil" (HESSELS, *Ortelii epistolæ*, 86 *apud* BROTTON, 1997, p. 175). Tal proximidade, sem precedentes, podia até suscitar uma empatia sutil com as outras civilizações do planeta, empatia indubitavelmente associada às profundas convicções do antuerpiano. Na construção geográfica e no empreendimento editorial de Ortelius, identifica-se a marca de uma sensibilidade religiosa própria dos Países Baixos meridionais; ou, mais exatamente, a de um ambiente em que o compromisso religioso e o irenismo pretendiam transcender a fratura entre a Reforma e a Contrarreforma em benefício de uma visão pacificada do mundo. Com efeito, a leitura do atlas incentiva a multiplicar os vínculos e a comparação entre os povos e os espaços: convida a estabelecer associações, incentiva a curiosidade, desperta os questionamentos sobre os espaços longínquos ainda desconhecidos e até mesmo chega a relativizar fisicamente o lugar da Europa Ocidental no concerto dos continentes. Não há dúvida de que esse tipo de obra contribuiu de forma eficaz para insuflar nos europeus o sentimento de pertencer à mesma humanidade e ao mesmo planeta. Ao folhear suas páginas, o dedo e o olhar circulam instantaneamente de um continente para o outro: um convite a imaginar, na calma do gabinete de trabalho, outros povos, outras regiões e outros modos de vida. *Que horas são... lá, no outro lado?*

Ironia da história: dois anos depois da publicação do *Theatrum,* os Países Baixos de Ortelius soçobram na guerra travada entre tropas espanholas e rebeldes flamengos. Eis um modo de lembrar que a apresentação do mundo não se limita a um passatempo do humanista imbuído de irenismo. Conhecer o mapa político do globo, acompanhar no atlas a evolução das guerras que devastam a Europa (BROTTON, 1997, p. 171),[84] identificar as rotas comerciais que unem

---

[84] Christopher Marlowe comentava que sua peça *Tamburlaine* era uma espécie de grande jogo de xadrez: reis e peões eram as peças, enquanto o tabuleiro representava o *Theatrum* de Ortelius.

esse continente ao resto do mundo é também assunto de comerciantes, soldados e diplomatas. Acrescente-se que o *Theatrum* é realizado por um súdito de Filipe II, que o "rei das Índias e das Espanhas, monarca do *maior império de todos os tempos e de toda a terra*", é o destinatário da dedicatória e vai recompensar Ortelius com o título de "geógrafo do rei" (1573).[85] O atlas não seria, afinal de contas, um instrumento de propaganda a serviço da monarquia católica?[86]

A prudência, bem compreensível, de Ortelius e de seu círculo de amigos impede de tomar posição: teria sido perigoso para eles bater de frente com o poder espanhol em uma cidade que pertencia a Filipe II. Pelo contrário, se o *Theatrum* não é hispanocêntrico, ele exibe um ponto de vista abertamente europeu: a obra foi concebida e composta em Antuérpia, e não na Península Ibérica. Com Ortelius, o olhar se europeíza ao mesmo tempo em que se globaliza; para o observador antuerpiano, o mundo é conduzido pela Europa, e não pela monarquia católica.

O frontispício do *Theatrum* – arco encimado por uma Europa majestosa – assinala, desde o começo, em que sentido Ortelius pensa o mundo. A harmonia do globo tem seu guia e seu preço. A gravura alegórica enaltece a dominação da Europa sobre a África, a Ásia e a América. A bela Europa segura o leme do mundo, um leme em forma de cruz, implantada no globo; por cima dela, os cachos de uvas desenham um arco rústico, impregnado de referências cristãs e antigas. Um globo celeste e um globo terrestre rodeiam a bela dama. Única figura sentada – em plano inferior, a África e a Ásia mantêm-se de pé, enquanto a América está deitada

---

[85] Neste sentido, o *Theatrum* faz parte dos grandes empreendimentos intelectuais da monarquia católica: sua realização não pode ser dissociada da publicação da Bíblia poliglota nos prelos da tipografia de Christophe Plantin, "primeiro impressor" do soberano espanhol. Se o atlas estabelece a imagem do mundo concebida pelo "geógrafo do rei", a Bíblia de seu "impressor" oferece a versão filipina das Sagradas Escrituras: as duas ferramentas têm alcance universal; cada uma, a seu modo, serve de fundamento a uma visão do mundo.

[86] O *Theatrum* assumirá, no entanto, um tom claramente antiespanhol em uma versão abreviada e versificada – o *Spieghel der Wereld,* ou *Espelho do mundo* – elaborada pelo poeta antuerpiano, Peeter Heyns, ainda sob o choque da pilhagem de Antuérpia, perpetrada por soldados veteranos da Espanha. O *Theatrum Orbis Terrarum,* versão holandesa, torna-se o espelho das crueldades hispânicas: sua América traz o reflexo das atrocidades passadas ou futuras na terra dos Países Baixos. Ver Schmidt (2001, p. 72).

no chão –, a Europa é também a única a cruzar o olhar do leitor. Nua e caçadora de homens, a América entrega-se a seus instintos antropofágicos (SCHMIDT, 2001, p. 129)[87]: sua mão esquerda agita a cabeça de um europeu que acaba de ser decepada; a seu lado, um busto simboliza a "Terra Magalânica", descoberta por Magalhães e que, bem depressa, havia retornado à obscuridade das brumas, prefiguração de uma quinta parte do mundo de que, atualmente, subsiste apenas a Austrália.

O eurocentrismo ostentado no frontispício reflete-se, igualmente, no grau de atenção que Ortelius presta às diferentes partes do mundo. Se a América tem direito apenas a um mapa, e a África a dois, na edição de 1570, se a Ásia é um pouco mais favorecida (oito mapas), a Europa é representada, país por país, em uma quarentena de mapas. A Europa de Ortelius – integrando a Moscóvia, mas excluindo a Ásia Menor – aparece, no entanto, em toda a sua pequenez: é flanqueada, tanto a leste quanto ao sul, por países muçulmanos ou pagãos. Somente os mares lhe abrem as portas do mundo e apenas os países do Mediterrâneo e do Atlântico podem projetá-la para fora de si mesma. A geopolítica de Ortelius, tal como é esboçada no frontispício, reserva à Europa, por conseguinte, a missão de subjugar a América e o quinto continente, deixando de lado – por enquanto – as terras da África e da Ásia.

O olhar de Ortelius privilegia a Europa. O melhor, e o âmago do continente, continua sendo, em seu entender, o Brabante, a terra que o viu nascer, e sua cidade de Antuérpia, "situada junto ao Escalda, o mercado mais renomado não só da Germânia, mas também de toda a Europa, [...] a cidade mais famosa e mais célebre de toda a Europa" (BINDING, 2003, p. 252).[88] Ortelius olha, portanto, para o mundo a partir de Antuérpia, do Brabante e da Europa, e quem ousará criticá-lo por essa postura? Esse enraizamento parece indissociável de uma admirável abertura ao mundo, porquanto, já

---

[87] Ver a gravura *America* de Jan Van der Straet, executada em Antuérpia, no âmbito de uma série intitulada *Nova reperta*. A associação da América à antropofagia é um tema corrente, durante todo o século XVI; sua integração entre os elementos considerados tipicamente "americanos" afasta ainda mais o leitor europeu da realidade da América colonial.

[88] No verso, os mapas são acompanhados por textos porque a geografia é o olho do historiador (BINDING, 2003, p. 22).

o dissemos, o atlas permite observar "essa casa comum que o Criador preparou para abrigar os mortais". Ao transformar o mundo em uma "moradia comum", o atlas orteliano assinala o desfecho de uma extraordinária operação de condicionamento de que ainda continuamos sendo os herdeiros: ele confina os entes em uma imagem do mundo, e a humanidade em uma representação do planeta que acabará por aparecer como a única possível e a mais natural. Compreende-se que, alguns séculos mais tarde, Martin Heidegger tenha associado o desenvolvimento da modernidade à conquista do mundo "enquanto imagem concebida" (HEIDEGGER, 2006, p. 123).

Nada indica que o cosmógrafo de Istambul tenha chegado a consultar o atlas antuerpiano e a dar uma conferida ao mapa do Império Turco que faz parte dessa obra, embora seu manuscrito tivesse sido terminado uma dezena de anos depois da primeira edição do *Theatrum*. O que não significa que o Império Otomano ignore a cartografia europeia: Istambul pode facilmente obter mapas junto de seu interlocutor privilegiado, Veneza. Na Cidade do México, Heinrich Martin terá, por sua vez, todo o tempo para contemplar a imagem do Novo Mundo que lhe oferecia o *Theatrum* de Ortelius. Desde a primeira edição, o antuerpiano havia retomado um mapa da América, inspirado no mapa de Diego Gutierrez. Em 1579, um mapa da Nova Espanha viera enriquecer a obra, e, dez anos mais tarde, uma nova edição integrava um mapa do Pacífico, *Maris Pacifici*. Viver nas periferias da monarquia católica não implicava ficar à porta do "Teatro", nem mesmo nos bastidores. Todos os habitantes do México e da Europa encontram-se alojados na "casa do Pai". E o atlas fornece-lhes tal demonstração.

O mundo a partir da Cidade do México

Curiosamente, a América exibida pela obra de Ortelius é bastante semelhante à do Anônimo de Istambul. O que Ortelius relata do México reduz-se aos episódios da conquista espanhola: as campanhas de Hernán Cortés, a queda da capital de Montezuma, os massacres das populações indígenas, além de uma suspeita de lascasianismo, salpicada de muito exotismo antes que esse se torne uma prática corrente. Na realidade, Ortelius limita-se a retomar as informações em circulação, nessa época, na Europa e no Império Otomano, que, segundo parece, se interessam apenas pelos mundos pré-hispânicos e pelos índios da Conquista, canibais como os brasileiros e os caraíbas, ou civilizados como os incas e os antigos mexicanos. Da América hispânica e colonial – menos estranha e, igualmente, menos trágica e, portanto, menos interessante para o leitor – e das novas sociedades em construção, pouca coisa transparece. Para dizer a verdade, a percepção negativa da colonização [*la leyenda negra*] orquestrada pelos adversários da Espanha não facilita de modo algum a observação; como se a evocação das crueldades da Conquista dispensasse de se questionar sobre o devir do Novo Mundo.[89] A esse respeito, o *Repertório* de Heinrich Martin oferece uma perspectiva muito original: ele focaliza a objetiva sobre o que se passou após a conquista, sobre uma sociedade colonial em gestação.

Vejamos como ele faz sua apresentação: para começar, ele desloca o ponto de vista de um continente e de um oceano. No *Repertório,* tudo se passa como se a Cidade do México tivesse ocupado o lugar de Antuérpia, e a Nova Espanha, a do Brabante. Nem Hamburgo tampouco sua Germânia natal poderiam servir a Heinrich de quadro de referência: preocupado em adaptar suas observações ao lugar em que se encontra, ele dedica-se a determinar "a que signo celeste está submetida esta Nova Espanha" (HM, p. XLV). Mesma questão relativamente à Cidade do México, "centro da Nova Espanha", cidade que Ortelius qualificava de "cidade régia ou, melhor dizendo, de rainha de todas as cidades do Novo Mundo" (HM, p. 162). De acordo com os cálculos de nosso alemão, a posição da capital mexicana encontrava-se sob o ascendente do capricórnio no momento da criação do mundo; além disso, "segundo parece, o planeta que predomina nesse reino é Vênus com a participação do sol". A posição da Nova Espanha deve ser fixada, com a maior precisão possível, no globo e em relação ao firmamento: "A constelação que passa pela vertical de toda esta região é a imagem do cavalo

---

[89] O atlas contém, pelo menos, um mapa da Nova Espanha introduzido em 1579; ver Cline (1961, p. 98-115). Em 1584, três novos mapas americanos foram acrescentados ao do México, entre os quais o do Peru, *Peruvia auriferæ regionis tipus.* Ver igualmente Shirley (1983).

Pégaso que se compõe de vinte estrelas e se estende do Equador ao Polo Ártico de 7 a 25 graus" (HM, p. 162, 165).[90] O céu da Nova Espanha não é, evidentemente, o da longínqua Espanha. Heinrich é astrônomo: sua formação científica assegura que ele nunca perca de vista que seus textos e cálculos são elaborados a partir da Cidade do México e do México. O país é abordado sob todos os ângulos: latitude, longitude, variação da duração do dia e da noite – entre 13h9m36s e 10h54m24s – regime das chuvas e das marés, diagnóstico epidemiológico da capital mexicana, clima...

Sobre este último ponto, Heinrich Martin tem de terçar armas com um cientista de gabinete, Blas Alvarez de Miraval, que havia publicado em Salamanca, em 1599, *La Conservación de la salud del cuerpo y del alma*, um livro em que ainda ousava afirmar que só uma quinta parte do mundo era habitável, aquela que se estendia entre o polo ártico e o trópico de Câncer; por sua vez, o hemisfério sul era talvez habitável, mas – escrevia o doutor de Salamanca – ignorava-se se ele estava realmente povoado. Em compensação, se lhe for dado crédito, a zona intermediária, chamada tórrida, interditava qualquer comércio e qualquer comunicação entre os homens: a existência da Cidade do México, de Buenos Aires, do Chile ou ainda do Panamá tornava absurda essa afirmação que, no entanto, continuava sendo defendida na Espanha, no final do século XVI. Heinrich Martin está em condições de lembrar que, além da Nova Espanha, do Peru e da Índia de Portugal, uma grande parte da Pérsia, o Sul da China, as Molucas e as Filipinas estavam realmente habitados; ora, todas essas terras encontravam-se na zona tórrida, "na qual numerosas regiões usufruem do clima mais ameno do mundo". Ao colocar os pontos nos is, Heinrich Martin desqualifica, de passagem, uma das superioridades naturais do continente europeu, ou seja, seu clima temperado.

Nosso alemão não se contenta com argumentos de bom senso; ele pretende também demonstrar cientificamente sua análise, ao explicar que a massa de ar é mais "forte" e mais fria "no interior dos trópicos do que fora". E recorre ao "Filósofo" – leia-se Aristóteles – para explicar que a própria qualidade do ar tropical é a causa da

---

[90] Pégaso tornar-se-á o emblema dos crioulos da Cidade do México.

diversidade dos climas de que se beneficiam a zona tórrida e, em particular, a Nova Espanha. Essa diversidade, bem superior àquela que se observa na Europa e na Espanha, faz com que, "em pouco espaço", se sucedam vales sufocantes e montanhas glaciais. A zona tórrida está não só habitada, mas também sua população apresenta grande variedade, reflexo lógico da infinita diversidade do gênero humano: "É natural que, entre milhares de pessoas, mesmo sendo originárias da mesma região, não seja possível encontrar duas que se assemelhem em todos os aspectos, no gesto, tamanho, tez e caráter". Assim, no Novo Mundo, os índios da Nova Espanha são superiores aos do Caribe e da Flórida, os negros do México são comparáveis aos que se encontram na Guiné e na Península Ibérica, mas, evidentemente, os espanhóis excedem a todos em competências ("*en habilidad*"; cf. HM, p. 169, 192, 195).

Para fixar melhor seu descentramento, Heinrich calcula matematicamente a posição tropical da Cidade do México, "a urbe mais importante deste Novo Mundo" (HM, p. 98), transformando seu meridiano em um meridiano de referência para o resto do planeta. Ele propõe, então, uma tabela que indica as diferenças de longitude entre a capital mexicana e uma série de cidades da América, Europa e Ásia. Assim, o leitor descobre as diferenças de fuso horário que separam a capital da Nova Espanha de todas essas cidades. Mas essa tabela permite, igualmente, calcular os eclipses do Sol e da Lua em qualquer lugar do globo: esse dispositivo significa que uma obra elaborada e publicada na Cidade do México pode adquirir alcance universal, universalidade que coincide com as pretensões da monarquia católica.

Além de ser um excelente mapa-múndi, a tabela de Heinrich Martin confronta o leitor com a dimensão planetária da dominação espanhola. Se para Ortelius tudo partia de Antuérpia e da Europa, o ponto de vista é, aqui, mexicano, e o repertório das cidades do mundo, maciçamente americano: o México é representado por trinta e duas localidades; a América do Sul e a América Central, por trinta e cinco – das quais três referem-se ao Brasil e cinco ao Caribe –, ao passo que somente dezesseis cidades representam a Espanha, e menos de uma dúzia, a Ásia. Heinrich Martin chega, assim, a definir um ponto de vista que alia o local – o meridiano da capital mexicana – ao universal, enraizando-se solidamente no continente americano. Uma revolução silenciosa em relação ao viés eurocêntrico dos atlas e dos tratados do Velho Mundo.

Descentrar o olhar

Heinrich Martin gosta de sublinhar o caráter pioneiro de sua iniciativa, com justa razão no que se refere à dimensão geográfica e propriamente científica de sua reflexão. Todavia, alguns de seus contemporâneos, além dele próprio na Cidade do México, expõem pontos de vista que tentam escapar ao padrão restritivo europeu: eles pensam o mundo distanciando-se do eurocentrismo ou do hispano-centrismo dominante além-Atlântico. De fato, o apego à monarquia católica pode conciliar-se com tomadas de posição e reivindicações que repelem a imagem europeia de uma América selvagem quando ela não é vencida e subjugada às crueldades dos conquistadores espanhóis.

A valorização da posição americana explica-se de diversas maneiras. As riquezas das Índias, o orgulho de seus novos habitantes e a consolidação da sociedade colonial alimentam certo distanciamento em relação ao Velho Mundo. A ligação marítima estabelecida, em 1566, entre Manila e Acapulco acarretou um novo posicionamento das Índias no globo: além de ter promovido a abertura das portas da Ásia aos habitantes da Nova Espanha e do Peru, ela aproximou consideravelmente o Oriente do litoral da Nova Espanha. Em *La grandeza mexicana* (1601), o poeta Bernardo de Balbuena serve-se de fórmulas percucientes para exprimir a posição excepcional da Cidade do México no mundo. E não é nada surpreendente também que uma das primeiras obras sobre as Filipinas – o livro de Antonio de Morga, *Sucesos de las islas Filipinas* – tenha sido impressa na capital mexicana, em 1609; sua publicação poderia ter ocorrido efetivamente na Espanha, mas acabou sendo dada à estampa na capital do Novo Mundo e dirige-se a um público que considera as relações diretas desse continente com as Filipinas como o melhor meio de contrabalançar a dependência colonial.

Outros representantes da coroa conseguem fazer uma ideia exata da posição da Nova Espanha no mundo. Em Rodrigo de Vivero – nobre espanhol nascido no México, em meados do século XVI –, o apego ao solo mexicano revoluteia-se em uma impressionante visão transoceânica. O americanismo de Vivero é apoiado na riqueza do Novo Mundo: a prata do México e do Peru é que torna a Espanha mais forte que a França, a Inglaterra, a Alemanha e Flandres ou, até mesmo, que o grão-turco. Sua visão planetária, explicitada ao evocar "o mapa quase total do mundo", presente em sua cabeça, abre-se igualmente à Ásia e ao Japão. Para esse autor, o estabelecimento de vínculos econômicos consistentes entre o arquipélago nipônico e a Nova Espanha só poderia favorecer o rápido desenvolvimento de sua cidade natal (VIVERO, 1972, p. 49, 74).

O descentramento do olhar pode ter também raízes religiosas. Se as ambições dos soldados, os interesses dos comerciantes e das grandes famílias crioulas impelem o México em direção à Ásia, o franciscano Juan de Torquemada vai ainda mais longe, inscrevendo esse avanço no grande movimento de cristianização do mundo, incentivado pela ordem de São Francisco. Sua obra, *Monarquía indiana,* publicada em Sevilha, no início do século XVII, expõe um programa infinitamente mais ambicioso que *Sucesos de las islas Filipinas*; ela desenvolve uma história franciscana do México que, ao longo dos capítulos, acaba por adquirir proporções intercontinentais, abrangendo todo o espaço do Pacífico e atingindo as regiões litorâneas da China e do Japão. Franciscanos e dominicanos já tinham enaltecido o papel de uma América berço de uma nova cristandade, aparentemente preservada das heresias europeias e implantada nos postos avançados da Ásia; ora, Torquemada consagra essa projeção planetária (TORQUEMADA, 1975-1983).

Multiplicidade de pontos de vista

O olhar descentrado de Martin e das pessoas da Nova Espanha está longe de ser, então, um fenômeno único no globo. Ao mesmo tempo em que ela abre horizontes planetários inauditos, a mundialização ibérica suscita, por toda parte, pontos de vista irredutíveis entre si, mas complementares a partir do esforço de cada um no sentido de circunscrever a globalidade do mundo. No Atlântico Sul, redes de intercâmbio, focalizadas no tráfico de escravos, constroem um "Trópico de Capricórnio", entre a África e o Brasil, que possui seus interesses e suas estratégias (ALENCASTRO, 2000). Na outra margem da África, voltada para o Oceano Índico, estende-se um imenso arco missionário que vai até Sumatra e que poderia ser batizado como "Etiópia Oriental", em referência à grande obra que o dominicano português João dos Santos havia dedicado a essa região do mundo e da qual a *Monarquía indiana* de Torquemada seria a contrapartida para a vertente americana do globo. Em torno das Filipinas e das Ilhas das Especiarias, recorta-se um "fim do mundo" ao qual se prendem as ambições dos comerciantes e dos missionários que perscrutam as riquezas da China, da Coreia e do Japão. Todos esses pontos de vista não poderiam confundir-se com o eurocentrismo irênico – ou o imperialismo sorridente (*soft*) – de um Abraham Ortelius, nem com o hispanocentrismo mais agressivo dos cronistas titulares dos impérios ibéricos. Apesar de que, até mesmo para um historiador "oficial" português, como Diogo do Couto, o centro do mundo tende a confundir-se com Goa, e não tanto com Lisboa. Na Europa, o eurocentrismo em gestação sofre, por toda parte, a concorrência da referência local, forma também embrionária do nacionalismo: o anglocentrismo da Inglaterra de John Dee, o hispanocentrismo de Madri ou ainda o lusitanismo de Lisboa. Por sua vez, a França reivindica a própria visão do globo, ameaçando requerer apenas a terceira parte – a das brumas austrais – por ser ainda desconhecida e, por conseguinte, ainda sem dono (POPELINIÈRE, 1997).

E que dizer de outros olhares, dessa vez, não europeus, que aprendem a observar o globo tal como este lhes é proposto pelos europeus: os índios e os mestiços letrados do México e do Peru, submetidos à coroa da Espanha, mas orgulhosos de seu passado; ou ainda aqueles senhores japoneses, amadores dos mapas europeus, que adornam o interior de sua casa com grandes biombos multicores nos quais estavam reproduzidas as estampas dos atlas europeus? A pequenez do Japão representado nos mapas dos "Bárbaros do Sul" havia começado por repelir essa clientela curiosa das coisas da Europa, mas não tinha impedido a multiplicação dos biombos-planisférios.

Retorno a Istambul

No século XVI, quanto mais o olhar se globaliza, tanto mais o conhecimento do local se aprofunda: uns se instalam em Antuérpia ou Nápoles para observar a Europa e o mundo, enquanto outros lançam a âncora na Cidade do México para se situarem diante da Europa e do Japão.

Por sua vez, o Anônimo de Istambul parece ter mais dificuldade em elaborar sua visão do mundo. Seria pelo fato de ter sido incapaz de esboçar essa dialética singular do local e do global? Ao combinar fidelidade crítica à cosmografia tradicional e interesse pelas "notícias recentes", ele não deixa de lado a tentativa de abranger o mundo em sua integralidade. Mas conseguirá mostrar-nos outra coisa além de um globo composto, de uma extremidade à outra, de duas porções eminentemente desiguais: um Mundo Antigo conhecido a partir dos indianos e dos gregos, dominado em grande parte pelo Islã, e uma "Índia nova", pagã ou cristã, e que infelizmente só se deixa abeirar através dos cronistas cristãos?

Como integrar essa outra parte do mundo no seio do planeta islâmico? Em uma tarefa comparável, ele havia sido precedido por Idrisi, cientista muçulmano: em meados do século XII, esse tinha introduzido a Europa cristã no seio da geografia muçulmana, de modo a apreender "o mundo em seu conjunto, sem qualquer exclusão" (IDRISI, p. 52). Ao servir-se da geografia para atingir um domínio intelectual do mundo, ao operar a partir de uma base local definida, duplamente, como a Sicília árabe-cristã do rei Rogério e o Mediterrâneo, e ao homogeneizar suas informações, Idrisi tinha ido tão longe quanto era possível, durante a Idade Média, na apreensão global do planeta. Mas o Anônimo não tinha só a Europa cristã a integrar: um mundo completamente novo desafiava seus conhecimentos.

A dificuldade da tarefa avalia-se também por sua originalidade e audácia. O Anônimo não hesita em apresentar-se como um pioneiro em um ambiente que tinha o olhar voltado sobretudo para as conquistas da Europa Oriental, para as águas do Mediterrâneo, para os avanços da Pérsia ou ainda para as regiões litorâneas do Oceano Índico. Devemos surpreender-nos com o fato de que as elites otomanas tivessem sido menos sensíveis aos desdobramentos americanos da mundialização ibérica, e mais interessadas pela atualidade das terras do Islã? A obra de Seyyidi 'Ali Re'is, *al-Muhit* [O Oceano],[91] dá testemunho da orientação desse interesse pelas regiões sob o domínio muçulmano. Com a perspicácia de um marinheiro e de um viajante que havia percorrido a Índia e a Ásia Central, em meados do século XVI, ele apresenta-nos seu espelho do mundo. Com exceção de Viena, cuja posse é atribuída erroneamente pelo autor ao sultão, a Europa católica aparece muito distante de seus interesses. Em compensação, sua conversação com interlocutores mongóis, preocupados em comparar a extensão dos respectivos impérios e em confrontá-los com o de Alexandre Magno, aponta outros horizontes que se estendem até a China; de fato, na Índia, conta-se que, até mesmo nessa região, os comerciantes turcos invocam o nome do sultão otomano em suas preces.

Entende-se ainda melhor a originalidade do *Tarih-i Hind-i garbi*, que postula, ao mesmo tempo, um redimensionamento e uma reorientação do olhar. Essa virada deve-se incontestavelmente aos progressos da globalização ibérica ou, mais exatamente, à tomada de consciência da dimensão planetária adquirida pelo império de Filipe II. É essa realidade preocupante que orienta as reações do Anônimo, seja em sua busca obstinada de informação cristã sobre o mundo, seja na edificação de um saber ainda pouco cultivado na Turquia. Mas sua motivação não é somente intelectual: ele tenta, igualmente, responder ao caráter inaudito da descoberta e à frustração que parece habitá-lo por sentir-se excluído de uma parte do mundo, até mesmo, irremediavelmente fora dessa terra designada por ele como Nova Índia.

---

[91] *Seyyidi 'Ali Re'is*, tradução inglesa, 1899; e tradução francesa, *Le miroir des pays* [O espelho dos países], 1999.

CAPÍTULO 5

Histórias do mundo e do Novo Mundo

*Nesse ano de 1520, em 8 de outubro, Fernão de Magalhães
descobriu e transpôs o estreito que leva o seu nome.*
Heinrich Martin,
Repertorio de los tiempos (HM, p. 237)

Aos olhos do Anônimo, a descoberta da "Nova Índia" – ou, se preferirmos, sua "revelação" aos cristãos – é um acontecimento de alcance excepcional: "Desde a chegada do profeta Adão e de sua presença no nosso mundo [...], nunca havia acontecido, até agora, uma coisa tão estranha e tão admirável" (A, p. 351).

Essa afirmação evoca os termos com que, trinta anos antes, o cronista Francisco López de Gómara havia saudado o descobrimento da América, ou seja, como o acontecimento mais importante da história do mundo após a Encarnação. Mas, para um muçulmano, esse episódio sem precedentes contém, inevitavelmente, algo de inquietante. Longe de compartilhar o entusiasmo dos cronistas espanhóis, de quem conhece os textos, o Anônimo lança um grito de alarme aos crentes, apresentando-lhes uma tríplice constatação: os muçulmanos não haviam participado, de modo algum, nessa descoberta e conquista; eles não possuem nenhum conhecimento direto da América, nem qualquer ascendência sobre esse continente; enfim, eles não têm nenhuma ideia do que se passa aí, após a conquista espanhola. A situação é tanto mais desoladora pelo fato de que espanhóis e portugueses circulam, sem obstáculos, entre a Europa e o Novo Mundo, entre a África e a China, entre o México e as Filipinas, como se todos os mares do globo estivessem sob seu domínio.

Uma história turca da América

O Anônimo de Istambul extraiu seus conhecimentos sobre a América de algumas das grandes crônicas europeias que haviam chegado à Turquia em traduções italianas; assim, limitou-se a utilizar um punhado de obras, mas todas elas figuram entre as fontes mais importantes editadas na Europa, no decorrer do século XVI. São, mais ou menos, as mesmas que circulam, então, nos Países Baixos – por conseguinte, no centro da cristandade – e que exercem influência sobre a maneira como a América é concebida e comentada nesse ambiente (SCHMIDT, 2001, p. 69-70, 95). Eis o que é uma expressão eloquente da seleção elaborada em Istambul: as crônicas de Pietro Martyr d'Anghiera, Gonzalo Fernández de Oviedo, Francisco López de Gómara e Agustín de Zarate fornecem-lhe o essencial dos dados de sua obra, tendo sido plagiadas de acordo com os costumes de uma época que, sem escrúpulos, praticava a arte de recortar/colar.[92] A origem das traduções revela, igualmente, grande familiaridade com a obra *Navigationi et viaggi* do veneziano Ramusio, coletânea de relatos de viagens, famosa em sua época, publicada em 1550, editada várias vezes posteriormente, e cuja importância é crucial para a difusão dos descobrimentos ibéricos.[93]

Apesar dos enfrentamentos que, periodicamente, opõem os Estados italianos aos otomanos ou aos barbarescos, nunca cessou o intercâmbio entre o Islã e a Península: ele não se limita à circulação

---

[92] O autor das *Décadas* e *De novo orbe* (1516), Pietro Martire d'Anghiera, é lido na versão das três primeiras décadas publicadas por Giovanni Battista Ramusio(*Navigationi et viaggi,* Veneza, 1556 ou 1565). Gonzalo Fernández de Oviedo, que publica *De la natural historia de las Indias*, em 1526, é utilizado em uma das edições italianas dessa obra (vindas a lume entre 1534 e 1565) e na compilação de Ramusio (*Navigationi et viaggi*). Francisco López de Gómara é o autor de *Historia de las Indias* (1552), que contou com uma quinzena de edições, em italiano, entre 1556 e 1576; são as traduções de Agostino de Cravaliz e de Lucio Mauro que foram estudadas meticulosamente pelo Anônimo de Istambul. Finalmente, a *Historia del descubrimiento y conquista del Peru* (1555) de Agustín de Zarate, na tradução italiana de Alfonso Ulloa (1563), fornece-lhe preciosas informações sobre o Peru dos *conquistadores*.

[93] Um dos manuscritos de *Tarih-i Hind-i garbi* contém anotações marginais que traduzem o sumário das matérias do terceiro volume de Ramusio.

de cavalos, mercadorias, objetos de arte e artistas, mas abrange também a circulação de livros, mapas e, por conseguinte, de informação científica. Sabe-se, por exemplo, que as oficinas de Veneza preparavam, em 1559, um mapa-múndi em turco para o uso dos otomanos (ARBEL, 2002); esses não hesitam em copiar mapas produzidos na cidade-laguna e em importar volumes das *Navigationi et viaggi*. A Sereníssima desempenha, então, um papel de intermediário tão prestigioso quanto privilegiado. O Anônimo de Istambul tem certamente razão ao afirmar que a América ainda não tinha sido visitada por qualquer súdito do Império Otomano: mas será obrigatório confiar nele quando acrescenta que não dispôs, em sua cidade, de nenhum informador? Suas fontes em italiano e em espanhol indicam o contrário: na verdade, além de importá-las, foi necessário traduzi-las e comentá-las; foi igualmente indispensável que alguém chamasse sua atenção para o interesse desses textos. Eis o que fortalece a hipótese de que nosso Anônimo fazia parte de um círculo poliglota, apaixonado por cosmografia e história universal e, acima de tudo, curioso pelas notícias do mundo (A, p. 14, n. 21, p. 15, 19).[94]

Existiria, então, na Turquia uma historiografia ou um saber americanista em que o Anônimo teria baseado suas consultas? Tal hipótese é colocada em dúvida por um especialista como Thomas D. Goodrich, em virtude do caráter não cumulativo desse saber: os autores otomanos interessados pela América não se leem ou, melhor ainda, ignoram-se mutuamente. O *Tarih-i Hind-i garbi* será mais afortunado por ter uma difusão manuscrita nada desprezível e por ser traduzido para o persa no século XVII (A, p. 30), antes de ser impresso em Istambul, no início do século seguinte; ele será publicado tal qual, prova certamente de sua originalidade e de seu prestígio entre as elites de Istambul, mas sintoma igualmente de uma estranha letargia dos conhecimentos. Para desculpar os otomanos, lembremos que, em decorrência de seus horizontes históricos e religiosos, eles são impelidos a olhar sobretudo para os mundos do Islã; além disso, se os espanhóis escrevem copiosamente sobre as

---

[94] Um círculo em que se encontra Emir Mehmed bin Emir Hasan es-Sudi que, se não é o autor do *Tarih-i Hind-i garbi*, corrigiu a cópia destinada ao sultão. Seu irmão, Seyid Ebu Mehmed Mustafa, era o autor de uma história universal.

Américas, muito mais numerosos são os europeus que se voltam para a Turquia e para a Ásia. Os olhares, independentemente de ser europeus ou otomanos, permanecem ainda orientados prioritariamente para o Oriente, os lugares santos, a Pérsia dos safávidas, a Índia maravilhosa do Grão-Mogol, as Ilhas das Especiarias, sem negligenciar a Catai de Marco Polo, que, no decorrer do século XVI, se tornou a China dos portugueses. O tropismo oriental e asiático domina o planeta, até mesmo em um Mundo Novo a que se atribui a denominação de *Indias occidentales* e que se apresenta como a vertente ocidental das Índias Orientais.

As informações que circulam na Europa têm sentido, alcance e destino que são diferentes no Império Otomano. As tipografias de Portugal ou da Espanha, de Veneza ou de Antuérpia, de Lyon ou de Paris, não se limitam a vulgarizar os descobrimentos, a estimular as curiosidades e a enriquecer os respectivos donos, mas participam de uma cultura e de uma economia do livro impresso, sem equivalência no mundo muçulmano. Seria um equívoco, contudo, opor radicalmente o mundo cristão do texto impresso ao mundo muçulmano do manuscrito; isso seria esquecer que a maior parte da informação ibérica sobre a América permaneceu manuscrita até o século XIX, quer se trate dos principais documentos sobre as sociedades indígenas, dos relatórios da administração e da Igreja, quer se trate das primeiras crônicas das ordens religiosas. A circulação dos manuscritos continuou oferecendo uma via privilegiada de conhecimento tanto na Europa e na América quanto no mundo muçulmano; ocorre que, depositados nos conventos da Espanha, nas bibliotecas da Itália ou deixados na América, tais escritos do Novo Mundo eram dificilmente acessíveis aos historiadores otomanos, diferentemente das obras difundidas pelas tipografias italianas.

Descobrimentos e conquistas

Apesar desses obstáculos e dessas diferenças, o Anônimo está intimamente convencido da necessidade e da urgência de tornar conhecido o Novo Mundo a seus correligionários, fornecendo-lhes "notícias recentes" – *Hadis-i nev* – de acordo com o título exibido, originalmente, pela obra.

Afinal, que imagem da América foi adotada por ele? O *Tarih-i Hind-i garbi* contém grande quantidade de dados sobre os ameríndios, a geografia física, a fauna e a flora americanas (A, p. 19, 305-336), mas os episódios históricos cotejados dizem respeito exclusivamente à descoberta e à conquista, seja das Antilhas, da América Central, seja do México ou do Peru. Nada ou muito pouco sobre as sociedades coloniais que, no século XVI, se edificam no continente americano. Tal constatação explica-se por várias razões: as fontes que ele utiliza referem-se unicamente à entrada do Novo Mundo na órbita ibérica e às peripécias de sua conquista; quanto aos relatos dos missionários, são raros os que então circulam na Europa sob a forma impressa, *a fortiori*, em tradução italiana.[95] De qualquer modo, é difícil imaginar um muçulmano insistir sobre o progresso de uma "conquista espiritual", empreendida aparentemente com sucesso pelos "padres das trevas". Os vestígios de cristianização no Yucatán são, para ele, a oportunidade de evocar uma estranha hipótese, pouco abonatória para os "malditos infiéis": em face do avanço dos "leões do Islã", no século VII, alguns cristãos teriam abandonado o *Maghrib* e encontrado refúgio nas regiões litorâneas do país maia. Em compensação, o Anônimo evoca, por diversas vezes, as crenças e as práticas religiosas dos índios, não hesitando em proceder à análise de mitos, tal como o dos "Quatro Sóis":

> Os cientistas da Cidade do México contam que o fim do mundo já ocorreu quatro vezes nestas paragens: na primeira vez, um dilúvio matou todos os animais; na segunda, uma chuva de fogo caiu do céu – todos os animais e, sem dúvida, todas as rochas e todas as árvores foram queimados; na terceira, ventos violentos destruíram as casas, e a maior parte das pessoas foram transformadas em macacos (A, p. 257).

O Anônimo não deixa tampouco de descrever práticas rituais, a saber: sacrifícios humanos, culto dos ídolos e antropofagia. Ele

---

[95] A obra *Rhetorica christiana* de Diego Valadés, que trata da evangelização e das missões, é publicada em Perugia, em latim, em 1579. A maior parte das informações disponíveis sobre as sociedades pré-hispânicas circulavam, igualmente, sob a forma manuscrita: os escritos mais importantes tanto dos franciscanos Motolinía e Sahagún quanto do dominicano Durán – para citar apenas os mais eminentes – hão de esperar o século XIX para serem editados.

aprova a condenação categórica de tais erros pelos cronistas espanhóis, atribuindo-os, contudo, à ignorância da *sharia* (A. p. 264, 176, 257, 259). O desconhecimento das transformações coloniais de uma América que, em 1580, superara, havia muito tempo, a etapa das guerras de conquista já não surpreende tanto, uma vez que, com raras exceções, os europeus compartilhavam a mesma miopia: entre eles, o primeiro lugar é ocupado por Michel de Montaigne, mais atento à sabedoria ou à destruição das populações indígenas que à construção de um Novo Mundo. Tanto em Istambul quanto em Bordeaux, o encontro e o choque dos homens escamoteiam qualquer referência à América espanhola do final do século XVI: eis uma visão enviesada que é, amiúde, ainda a nossa, ao preferirmos uma América exótica e longínqua àquela que se tornou um dos polos do mundo ocidental.

A narrativa histórica apresentada pelo Anônimo não brilha, de modo algum, pela originalidade: ela se divide em duas partes, uma dedicada à América do Norte e à América Central,[96] enquanto a outra se refere à América do Sul. O leitor fica incomodado pela maneira como o autor, ao decalcar de modo tão fidedigno os textos europeus, depende de suas fontes, quer se trate do seu conteúdo fatual, de seu conteúdo formal, quer se trate dos juízos de valor de que estão recheadas: esse é provavelmente o aspecto mais perturbador do *Tarih-i Hind-i garbi*, ou seja, aquele que revela a extraordinária proximidade — para não dizer a permutabilidade quase perfeita — entre espanhóis e turcos em matéria de imperialismo e proselitismo religioso. Uma América otomana assemelhar-se-ia a uma América latina? A resposta é provavelmente negativa, mas pode-se apostar que as populações ameríndias teriam de pagar um preço, igualmente elevado, se tivessem de submeter-se ao outro gigante do Velho Mundo: por não serem povos do Livro, os índios não teriam conseguido, em momento algum, reclamar a semitolerância concedida aos judeus e aos cristãos em terras do Islã.[97]

---

[96] Esta parte inclui a narrativa da viagem de Fernão de Magalhães.

[97] A menos que, à semelhança dos hindus do Império Mogol, eles tivessem recebido o estatuto de *dhimi*, em conformidade com a sugestão de Gilles Veinstein.

Olhares mexicanos sobre a história otomana

Heinrich Martin terá demonstrado mais originalidade ao falar da Turquia? Nenhuma observação *in situ*, tampouco a mínima fonte otomana para fornecer consistência a suas descrições. E, contrastando com seu confrade de Istambul, nosso alemão nada tem de pioneiro, se for integrado no seio da produção ibérica e europeia. No decorrer do século XVI, a Espanha publicou traduções ou obras de primeira mão sobre os turcos: sucederam-se panfletos exortando a cruzada, relatos de viajantes, além de tratados mais ou menos solidamente documentados para informar os ibéricos e despertar seu ardor contra o Islã. Após o triunfo de Lepanto, sucesso tão espetacular quanto efêmero sobre a frota turca ao largo da Grécia (1571), a curiosidade pelo mundo otomano decresceu sensivelmente. Ao publicar seu *Repertório dos tempos*, em 1606, Heinrich Martin fornece, portanto, notável contribuição para a retomada de interesse pelo Império Otomano nas primeiras décadas do século XVII: essas páginas estão, talvez, entre as primeiras do século, no mundo hispânico, já que foi preciso aguardar o ano de 1610 para ver impressa a tradução castelhana da narrativa de Ogier Ghislain de Busbecq, embaixador de Fernando de Habsburgo junto a Solimão, o Magnífico, e informador de primeira ordem. Os outros grandes títulos dedicados pela Espanha ao mundo otomano, no decorrer do século XVII, são posteriores a essa data (MERLE, 2003, *passim*; SANCHEZ GARCÍA *et alii*, 2007).

O *Repertório dos tempos* apresenta o percurso histórico do Império Otomano, desde sua fundação até 1600. O leitor descobre a origem dos turcos, seus primeiros avanços na Ásia Menor, sua conversão ao Islã, suas lutas contra os cristãos da Terra Santa até a chegada ao poder de um capitão chamado Otomão, cerca de 1300 – trata-se de Osmã 1º (1280-1304). Em seguida, desfilam seus sucessores – Murat 1º, Bajazé 1º, Mehmet 1º, etc. –, e, ao mesmo tempo, sucedem-se suas guerras de conquista. Passa-se, assim, do cerco de Belgrado à tomada de Constantinopla por Mehmet II, em 1453. Sem silenciar os reveses – por exemplo, a batalha de Ancara, em 1402 –, a narrativa concentra-se no avanço espetacular do império recém-criado até a queda da capital bizantina, descrita sob uma perspectiva particularmente atroz: "No saque desta cidade, os turcos cometeram crueldades tão horríveis que nunca haviam sido vistas ou escutadas antes, nem depois" (HM, p. 231). Uma denúncia que vai além da retórica antiturca para dirigir-se às nações europeias que não cessavam de criticar os espanhóis por suas "crueldades" na América...

A partir desse episódio que põe fim, diz ele, a 1.190 anos de presença cristã em Bizâncio, nosso cosmógrafo arma-se em cientista político e tenta circunscrever os diversos campos de intervenção da potência turca, ou seja, uma forma de fornecer ao leitor da Cidade do México uma ideia sumária, embora aceitável, da geopolítica do Próximo Oriente e do Mediterrâneo Oriental, no fim do século XV. À medida que Martin comenta as relações da Sublime Porta com cada um de seus vizinhos, tornam-se mais nítidos os contornos de uma região do globo com a qual os espanhóis do México estavam, com toda a evidência, tão pouco familiarizados quanto um grande número de americanos da atualidade. Orientado pela pena do cosmógrafo, o leitor circula entre a Ásia Menor, o Egito, a Palestina, a Síria, a Pérsia, os Balcãs e a Hungria. É forçoso reconhecer que todo o Mediterrâneo Oriental – outrora, o centro do mundo para Ptolomeu de Alexandria – havia tombado nas mãos do Islã. A dominação otomana é total com o desmoronamento do sistema defensivo cristão: em 1522, um ano depois da queda da Cidade do México-Tenochtitlan, os turcos arrancaram a ilha de Rodes aos Cavaleiros de São João. Nessas praias, o brilho da Antiguidade não passa de uma lembrança longínqua, como é demonstrado pela sorte lamentável da Grécia, absolutamente incapaz de sacudir as tutelas que a oprimem: "Sabe-se, atualmente, que é o povo mais abatido da Europa, mergulhado em vícios vergonhosos, submetido, em sua maior parte, aos turcos e, no restante, aos venezianos, tendo deixado escapar todas as oportunidades de sacudir o jugo dos infiéis" (A, p. 172)[98]

Heinrich Martin é sucinto, sem deixar de ser preciso: multiplica as datas, frequentemente, exatas. Ele não hesita em deter-se em

---

[98]Ver a mesma ideia em Botero (1599, primeira parte, p. 196).

episódios que a literatura e o teatro do século XVI europeu haviam utilizado com profusão, tais como o cativeiro humilhante imposto por Tamerlão ao sultão Bajazé 1º, em 1402:

> Tamerlão não o perdia de vista, mantendo-o sempre em sua companhia, fechado em uma jaula de ferro, concebida de tal modo que, ao montar a cavalo, apoiava os pés nos ombros dele; além disso, durante as refeições, segurava-o debaixo da mesa com os cães, de modo que o prisioneiro alimentava-se apenas com o que lhe era arremessado pelos comensais (HM, p. 230).[99]

Eis uma forma de superar a aridez da narrativa histórica e de excitar a curiosidade mórbida do leitor: a humilhação do grão-turco é um espetáculo que ninguém vai rejeitar![100] Será de estranhar que os tempos gloriosos de Solimão, o Magnífico, despertem apenas uma atenção bem superficial? Haveria a expectativa de um paralelo entre Carlos V e o sultão – ambos nasceram no mesmo ano e eram considerados pelos contemporâneos como rivais e, praticamente, a cópia um do outro. Evocados por alguns feitos marcantes e logo arquivados, os reinados sucessivos de Selim II, Murat III e Mehmet III encerram a série. E eis-nos chegados aos primeiros anos do século XVII, época em que Martin conclui e publica seu *Repertório*.

As fontes de Martin sobre a Turquia não são tão diversificadas quanto o acervo consultado pelo Anônimo para descrever o Novo Mundo. Um dos raros historiadores citados é um romano, veneziano por adoção, Francesco Sansovino (1521-1583) que é autor, entre outros textos, de uma *História universal das origens, das guerras e do império dos turcos,* cuja primeira edição remonta a 1560, e de *Annali turcheschi* (1571) (SANSOVINO, 1564).[101] Não são, todavia, as obras de história que faltam na Cidade do México. Editor e livreiro, Heinrich está ligado diretamente à importação e ao comércio de livros; cosmógrafo, ele possui uma biblioteca pessoal não desprezível. Dispõe, além disso,

---

[99] Bajazé 1º reinou de 1389 a 1402.

[100] Ver a peça que Marlowe (1590) dedicou a Tamerlão, assim como a figura de Bajazé 1º, que serviu de inspiração para o libreto de uma ópera de Vivaldi (*Bajazet*, 1735).

[101] Ver Zilli (2001) e Yerasimos (1988).

das coleções conservadas nas bibliotecas dos jesuítas – com quem está em relação constante – e nas bibliotecas das grandes ordens religiosas. Haverá necessidade de sublinhar que essas fontes são de segunda ou terceira mão, na sua maioria, impressas em italiano – ponto comum com o Anônimo – e que elas não se baseiam, aparentemente, em qualquer testemunho oral? Não dispondo, à sua ilharga, de nenhum informante que tivesse passado por Constantinopla, Heinrich Martin não chega a procurar tal recurso, atitude que está longe de surpreender quando se sabe o que serve de motivo a suas investigações.

O mundo visto a partir da Cidade do México

Com efeito, as curiosidades de Heinrich Martin não se limitam ao passado nem ao futuro dos turcos. A história ocupa um lugar não desprezível no *Repertório*. Ao concluir sua obra com uma cronologia comentada do século XVI, nosso autor chega mesmo a esboçar uma rápida história universal, intitulada *Breve relatório do tempo no decorrer do qual aconteceram coisas notáveis e dignas de memória, tanto nesta Nova Espanha, quanto no reino de Castela e nas demais partes do mundo*. Esse documento revela o modo como Heinrich Martin encarava o século XVI e, mais ainda, como seus leitores podiam, por seu turno, ser levados a fazê-lo, um pouco à maneira das retrospectivas que nos são apresentadas, em profusão, pela imprensa e pela televisão. O texto é curto, e os dados bastante sucintos, a fim de deixarem marcas nas mentes apressadas ou pouco eruditas, aliás, naquelas precisamente para quem nosso alemão havia publicado seu repertório. Assuntos bem escolhidos tornavam agradável a sucessão, às vezes, árida, de datas e acontecimentos, misturando dramas e intrigas da corte, no estilo de "vida e morte de Maria Stuart" ou "amores e ruína dos rebeldes mouriscos". O procedimento resulta eficaz – Heinrich nada inventa, e o leitor espanhol adorava os romances hispano-mouriscos –, mas sente-se também que o autor deleita-se ao retomar tais histórias na História.

Portanto, quais seriam, supostamente, as lembranças de alguém que, no início do século XVII, habitava no centro do Novo Mundo? Dividida em episódios no decorrer do tempo, a história europeia é, certamente, beneficiada nessa cronologia do mundo; trata-se de uma história predominantemente religiosa que se debruça sobre os efeitos da Reforma na Espanha, na França e na Inglaterra. Ao criticar a heresia, Heinrich estaria tentando adquirir o beneplácito da Inquisição no sentido de apagar os vestígios de um passado suspeito – lembremos seus prováveis vínculos com o luteranismo –, ou devemos ver em tal postura simplesmente um conformismo intelectual incentivado pela ortodoxia reinante em uma Nova Espanha que havia aderido ardorosamente à Contrarreforma? Ele evoca rapidamente a questão protestante na Espanha ao mencionar a repressão lançada contra Agustín de Cazalla e a exumação do cadáver do doutor Constantino Ponce, queimado em efígie, em 1560;[102] ao lembrar o destino das duas figuras mais marcantes da Reforma ibérica, nosso alemão prestava uma homenagem indireta à eficácia da Inquisição espanhola, que tinha conseguido sufocar, desde a origem, o protestantismo local. Pelo contrário, a Inglaterra tinha feito a pior escolha; Heinrich detém-se a explicar como um reino tão piedoso acabou caindo na heresia. A narrativa é persuasiva, além de adornada, a intervalos, de detalhes instigantes. Tudo havia começado bem com a catolicidade exemplar do rei Henrique VII; no entanto, a paixão do filho, Henrique VIII, por Ana Bolena – "a qual, conforme veio a ser revelado, era sua própria filha" – valeu o exílio de Catarina de Aragão, tia de Carlos V, e facilitou a instalação da heresia. A condenação à morte de Ana Bolena, acusada de incesto com o irmão, as segundas núpcias do rei com Jane Seymour, o retorno abortado do catolicismo sob o reinado de Maria, esposa de Filipe II, enfim, a subida ao trono de Elisabeth, "que conseguiu fazer acreditar que era católica", mergulharam ainda mais a Inglaterra no erro. "Eis aí, em resumo, a história das origens da heresia da Inglaterra" (HM, p. 251). Nesse relato, faltou apenas um episódio dramático propício a tornar o quadro ainda mais negro e a excitar a compaixão do leitor (HERRERA Y TORDESILLAS, 1589): uma princesa infeliz perseguida por uma rainha cruel... A cada século, a princesa que ele merece.

O aspecto culminante ocorre, portanto, nas duas páginas extraídas por ele, provavelmente, do cronista Herrera e que dedica à "história deplorável" de Maria Stuart, executada em Londres, "no ano de 1587,

---

[102] Constantino Ponce de la Fuente (1502-1560) e Agustín de Cazalla (1510?-1559) haviam sido capelães de Carlos V.

no dia 1º de maio, às dez horas da manhã". Todas essas informações e detalhes nada tinham de supérfluo na Cidade do México porque a Inglaterra, protestante e elisabetana, constituía uma verdadeira fonte de inquietação para os habitantes da Nova Espanha. Os navios dos hereges frequentavam as águas do Caribe e da Flórida, provocando repetidos alertas na América espanhola. Havia datas que ninguém esquecia na capital mexicana: por exemplo, 15 de setembro de 1568, dia em que surgiu, em frente de Veracruz, "o inglês John Hawkins com dez navios [...] e que, poucos dias depois, chegava ao mesmo porto o vice-rei dom Martín Enríquez com treze naus da frota". Foi necessária toda a força dos espanhóis para se livrarem do corsário (HM, p. 257).

Depois dos protestantes, Heinrich aborda a questão dos muçulmanos da Espanha, como se ele fizesse questão de passar em revista todos os perigos que ameaçavam o coração da monarquia. Ao Islã exterior correspondia outro interior e oculto, ainda mais alarmante. Quando se manifesta tanto interesse pelo Império Turco, como ficar indiferente ao destino dos mouriscos e à sua revolta, em 1568? "Por ser um acontecimento memorável, pareceu-me bem recordar aqui, com toda a clareza e a brevidade possíveis, o conteúdo do caso e o motivo da sublevação" (HM, p. 258). Após breve referência à invasão muçulmana e à ocupação da Península, Heinrich evoca a tomada de Granada (1492) e as esperanças suscitadas pela conversão dos vencidos; tal constatação leva-o a descrever a política de assimilação conduzida pelos soberanos espanhóis e seu insucesso. "A conversão dos mouros era fingida". Tendo-se acumulado, os ressentimentos dos novos convertidos vão exprimir-se em uma revolta, preparada desde longa data, que se desencadearia, em 1568, sob a direção de um jovem mourisco, D. Fernando de Valor. Mas as forças régias acabaram por levar a melhor, "e, para que os mouriscos não voltassem a revoltar-se, sua majestade ordenou que não ficasse um sequer no reino de Granada; assim, eles foram transplantados para diversos lugares dos reinos de Espanha". Na hora em que Heinrich escrevia, a coroa aguardava ainda uma acalmia nas frentes de combate, no exterior, para aplicar medidas radicais; a expulsão dos mouriscos vai ocorrer somente três anos depois da publicação do *Repertório*.

Mas será possível fixar a atenção nos mouriscos sem falar de outros inimigos da coroa, igualmente temíveis? E, em primeiro lugar, os rebeldes dos Países Baixos, um dos florões da coroa espanhola. Três datas-chave aparecem na cronologia: o desencadeamento dos tumultos na Flandres, em 1567; a execução de Egmont e de Hornes "na praça de Bruxelas", em julho do ano seguinte; e o assassinato do príncipe de Orange, chefe dos insurgentes, em 1584. No ano da publicação do *Reportório,* a trégua com a Holanda ainda não tinha sido assinada, e os rebeldes ameaçavam os interesses espanhóis, desde o mar do Caribe até o Japão.

Faltava lembrar o Islã do Mediterrâneo. Os principais episódios da luta contra os barbarescos e os turcos, evocados sucessivamente, desenham a outra grande frente de combate da cristandade católica,[103] permeando um século marcado por avanços e recuos, por vitórias como Lepanto ou por derrotas, tais como a do rei de Portugal "nas planícies de Tamita" (HM, p. 266). Em compensação, a Europa Oriental é abordada sucintamente, como se nosso autor permanecesse indiferente às ameaças que continuavam pesando sobre Viena, tão longe do Novo Mundo e tão perto do Império Otomano: não lhe atribui mais importância que às guerras sangrentas travadas entre a Turquia e a Pérsia, observando, não sem agrado, que o "príncipe da Pérsia tinha provocado a morte de oitenta mil turcos em diversos confrontos".[104]

---

[103] As datas e os acontecimentos mencionados por Heinrich Martin são os seguintes:

1522: tomada de Rodes pelos turcos;

1535: tomada da fortaleza de La Goulette (atual Halq el-Oued, na Tunísia) por Carlos V;

1541: derrota da esquadra de Carlos V em frente de Argel;

1560: derrota dos espanhóis em Djerba (ilha na entrada do golfo de Gabes, na Tunísia), enfrentando os turcos;

1563: cerco de Orã e de Mazalquivir (Mers el-Kebir);

1564: tomada do Peñon de Vélez pelos espanhóis;

1565: cerco de Malta pelos turcos;

1571: tomada de Chipre pelos turcos e vitória de Lepanto;

1574: tomada da fortaleza de La Goulette e de Túnis pelos turcos;

1578: derrota de D. Sebastião de Portugal, em Alcácer Quibir.

[104] Heinrich Martin lembra ao leitor a derrota de Luís da Hungria em Mohacs (1526) e o cerco de Viena datado por ele em 1531, em vez de 1529; além disso, assinala um ataque dos "tártaros" contra a Polônia (1573) – na realidade, em 1574 e 1575 –, assim como as vitórias do "rei da Pérsia" sobre os turcos, em 1578 e 1585.

A história da América e do México

A essa Europa tumultuada e exposta aos assaltos dos muçulmanos e dos hereges opõem-se as Índias Ocidentais pacificadas e estáveis. Na América, reina a ordem: o malogro das guerras civis no Peru e o triunfo da coroa espanhola, a sucessão ininterrupta dos vice-reis em Lima e na Cidade do México, assim como a instalação – penhor de segurança – do tribunal da Inquisição na capital da Nova Espanha, refletem sistematicamente a imagem de um Novo Mundo poupado aos turbilhões que sacodem a Europa, o Mediterrâneo e a Península Ibérica.

A América de Heinrich Martin é também um mundo em expansão. Os espanhóis atravessam e exploram o Pacífico e, no mesmo ano em que se verifica a rebelião dos mouriscos (1568), uma expedição comandada por Alvaro de Mendaña, cujo destino era a Nova Guiné, descobre as ilhas Salomão, batizadas com o nome evocador do prestigioso rei de Israel (HM, p. 257). Tendo deixado o Peru, dez anos mais tarde, para outro périplo memorável, Pedro Sarmiento de Gamboa atravessa o Estreito de Magalhães e alcança o Atlântico Sul. Dificuldades europeias, proezas longínquas, o contraste entre as Índias e a Península não poderia ser mais marcante: a América colonial assume plenamente seu lugar no concerto dos reinos cristãos sem ser eclipsada por trás do fascínio do bom selvagem, nem da denúncia obrigatória das crueldades da Conquista.

No entanto, essa visão continental e marítima não ignora, muito pelo contrário, o passado pré-hispânico. Nesse aspecto, Heinrich Martin nada tem de pioneiro, a não ser pelo fato de que as páginas dedicadas ao assunto encontram-se entre as primeiras do gênero a serem publicadas nos prelos do Novo Mundo. Para dizer a verdade, suas informações também nada contêm de inédito. A fim de narrar a fundação da Cidade do México e a sucessão dos soberanos astecas, ele teve apenas a dificuldade de escolher, embora manifeste clara preferência pela *História natural e moral* de José de Acosta, que ele plagia como todos os compiladores da época. Publicada em 1590, essa história das Índias tinha obtido sucesso considerável, tendo sido traduzida em todas as línguas da Europa; portanto, Martin não poderia ter feito melhor escolha. Mas nem todos os seus textos são de segunda mão. Ele mostra interesse, igualmente, pelas fontes indígenas e, em especial, pelo calendário dos antigos mexicanos. Não havia nenhuma dúvida, em seu entender, de que eles estavam em condições de escrever a história do seu país:

> Antes da chegada dos espanhóis – de acordo com sua explicação –, eles viviam de maneira civilizada e utilizavam sistemas para contar e medir, além de caracteres com que indicavam as épocas e figuravam as coisas ocorridas entre eles, [e tal descrição] de uma maneira tão ordenada e tão ajustada que esses caracteres serviam-lhes de *histórias* já que, por seu intermédio, sabiam o que tinha acontecido nos séculos passados (HM, p. 257, 122-123).

Nosso alemão não podia ignorar que, na hora em que escrevia sua obra, na Cidade do México e em seu vale, letrados indígenas e mestiços esforçavam-se por coletar fontes pictográficas, coloniais ou pré-hispânicas, interpretá-las e transcrever sua substância, servindo-se do alfabeto latino. Cristóbal del Castillo, Fernando de Alva Ixtlilxóchitl, Domingo Chimalpahin – e ainda outros índios e mestiços – participavam desse empreendimento de preservação das memórias indígenas. No momento em que as populações índias desapareciam dizimadas pelas epidemias, tal salvamento transformava a capital mexicana e sua região em um centro excepcional de reflexão e de produção histórica no mundo ocidental.

A história do mundo a partir de Istambul

Por sua vez, o Anônimo não tenta oferecer a seus contemporâneos uma lição de história do século XVI. O essencial de seus dados históricos refere-se à conquista do Novo Mundo: além de abundantes, todos eles foram pedidos de empréstimo a fontes espanholas e italianas, já indicadas mais acima. Todavia, o texto contém, igualmente, um acervo de referências históricas que revelam horizontes tão surpreendentemente abertos quanto os de Martin, com alguns pontos fortes: assim, por exemplo, ao analisar em detalhe o contexto que rodeia as diligências e a partida de Cristóvão Colombo, o Anônimo não pode abster-se de comentar a queda de Granada. A importância atribuída ao passado e ao aniquilamento da Espanha muçulmana, relembrada diversas vezes, indica talvez suas origens ibéricas ou pelo menos vínculos estreitos estabelecidos com muçulmanos expulsos da Península.

O Mediterrâneo aparece, igualmente, no cerne de uma série de episódios, tais como a conquista da *Andalusia* por Tariq, a resistência do Magrebe à penetração espanhola, as façanhas de Khayreddin Pacha (Barba Ruiva), o esplendor exemplar da Sicília muçulmana para os fiéis do Islã, assim como as tentativas da abertura do istmo de Suez. Mais que o islamocentrismo, deverá ser evocada, talvez, uma espécie de etnocentrismo mediterrânico. Se a essa dimensão for acrescentada a denúncia do avanço dos portugueses no Oceano Índico e dos espanhóis no Novo Mundo, dar-nos-emos conta de que a maior parte das anotações históricas do Anônimo remete a confrontos com os cristãos, como se o mundo do Islã não fosse sequer pensável sem a Cristandade, a partir do momento em que ele havia optado por inscrever-se em uma perspectiva global e planetária, incluindo o Novo Mundo. Para esse Islã – que não aceita a perda de suas posições no Mediterrâneo Ocidental –, resta a alternativa de mostrar-se sensível ao perigo que a conquista cristã da América representa para "o fundamento da religião e do mundo" (A, p. 151, 115).

Olhar mexicano na Cidade do México, olhar ibérico em Istambul?

Heinrich Martin tem razões de geógrafo para privilegiar o lugar em que se fixou, em que trabalha e escreve: singularidade dos lugares, dos climas, do ar e do firmamento. Tem, igualmente, razões de autor e de editor. Considerando que as obras importadas da Europa não correspondem às necessidades nem ao gosto dos habitantes da Nova Espanha, seu conteúdo deve ser adaptado às realidades locais, a fim de não espantar o leitor. O que é bom para a Europa não o é, forçosamente, para o resto do mundo. Imagina-se que, após os trinta anos passados na Europa, seus quinze anos vividos no México forneceram-lhe algo mais que um senso perspicaz da diversidade dos climas, dos gostos e dos modos de vida. O saber europeu – eis sua convicção – exportar-se-á tanto mais facilmente quanto mais bem transformado tiver sido em um saber ocidental, declinável nas demais partes do mundo. Valendo-se de sua tríplice experiência de europeu, autor e editor, Heinrich Martin tira as consequências de uma abordagem global da América e do mundo, sem negligenciar, contudo, a necessidade, tanto ontem como hoje, de "agradar ao leitor".

O historiador Heinrich Martin opera, portanto, um deslocamento semelhante ao do geógrafo e ao do editor: ele oscila em direção ao México. O passado mexicano, essa história anterior aos espanhóis, acrescenta uma cor e um arrimo suplementares. Não será pelo fato de que ele habita na Cidade do México, e essa urbe possui antiquíssima história, que ele data seu calendário lunar (*lunario*), não só do ano 1606 do nascimento do Cristo e do ano 5558 da criação do mundo, mas também do ano 483 da fundação da Cidade do México, 114 da descoberta do Novo Mundo e 86 da conquista do México? (HM, p. 42). "Mexicanização" não significa, então, confinamento ou retraimento em si. A Nova Espanha descrita por Heinrich Martin dirige seu olhar, em primeiro lugar, para a Europa Ocidental e para a América do Sul, mas interessa-se também pelo Pacífico, pela Ásia e pelo Oriente otomano. A única região ausente é a África – a despeito dos numerosos escravos negros que vivem na Cidade do México –, enquanto se adivinha implicitamente a presença da China, escondida à sombra das Filipinas. É que Martin faz pouco caso de ser exaustivo; longe de se dedicar a um trabalho de história universal ou de história imperial, ele tenta simplesmente compreender o passado pré-hispânico e colonial de sua terra de adoção em uma perspectiva global. Deste modo, o eurocentrismo, que pesa invariavelmente com sua inércia sobre as histórias europeias, atenua-se, sem que deixemos de estar, nem por um só instante, em face de um texto concebido e redigido por um europeu. Diante dos cronistas oficiais de Madri e de seu hispanocentrismo conquistador, Heinrich Martin lembra-nos de que a monarquia católica não poderá falar com uma só voz (HERRERA Y TORDESILLAS, 1601-1615).

Não é, portanto, um acaso se, alguns anos depois, um leitor atento de Martin – o cronista indígena Chimalpahin – extrai do *Repertório* o material para inscrever a história de seus antepassados em um contexto atlântico e planetário. Também não é um acaso se esse índio letrado faz questão de anotar em seu *Diário* os grandes acontecimentos do vasto mundo, de um mundo em que se cruzam Paris, Roma e Japão. O alemão ou Chimalpahin mantêm sempre o olhar fixo no globo, sem se alinharem aos padrões europeus, elaborados na mesma época.

Em compensação, o Anônimo de Istambul tem dificuldade para encontrar seu caminho, na medida em que é muito difícil, para ele, preservar sua visão islâmica e mediterrânea ante o hispanocentrismo de suas fontes relativas ao Novo Mundo. De uma extremidade à outra, seu texto projeta sobre a América o olhar dos cronistas espanhóis e italianos, mesmo que, de tempos em tempos, ele introduza referências à ordem do Islã que, no entanto, são insuficientes para reorientar ou inverter o ponto de vista. A narrativa turca reproduz com fidelidade notável, para não dizer, enfadonha, a opinião dos conquistadores. A tal ponto que chegamos a perguntar-nos se esse mimetismo e essa dependência intelectual não têm outras causas além da novidade do assunto. Não terão a ver com a ausência de um olhar formado para a observação do mundo ocidental em seu conjunto? À força de se desviar do mundo dos cristãos, Istambul não acabará por carecer dos instrumentos de uma observação mais crítica e mais inventiva? A tarefa era, sem sombra de dúvida, mais fácil para o alemão que se beneficiava da imensa produção europeia já dedicada à Turquia. Demasiada falta de experiência do lado do Bósforo, demasiada informação do lado da Nova Espanha...

Que seja. No entanto, as opiniões preconcebidas, mais ou menos livremente assumidas, dos nossos dois autores, não explicam a tensão que circula no interior de ambos os textos. Por que, na Cidade do México, há tanta insistência em falar de uma Turquia tão distante da América? Que força, em Istambul, impele o Anônimo a dedicar tão grande número de páginas ao Novo Mundo? A curiosidade das coisas do mundo, o "desejo de saber" – que horas são... lá, no outro lado? – não seriam suficientes para justificar a iniciativa de cada autor.

CAPÍTULO 6

A história do mundo está inscrita no firmamento

Numerosos astrólogos e, em particular, os árabes, consideram que a destruição das monarquias, as transformações dos impérios, as guerras, as epidemias, os terremotos, as inundações e outros acontecimentos do mesmo gênero, excetuando a vontade de Deus, se devem às conjunções e ao encontro dos planetas.

Heinrich Martin,
Repertorio de los tiempos (HM, p. 218)

"Rogamos a Vossa gloriosa Majestade que, no porvir, a espada ávida de sangue do povo do Islã penetre até essa terra de tantas vantagens, que as regiões [do Novo Mundo] se encham das luzes dos ritos do Islã e que as riquezas que descrevemos e os demais tesouros dos incréus, cobertos de ignomínia, sejam repartidos entre os senhores da guerra santa e a nossa nação empenhada com todas as suas forças" (A, p. 253). É com esse vasto programa que o Anônimo de Istambul encerra sua narrativa da conquista do México, dirigindo-se diretamente ao sultão Murat III. Mais de vinte anos depois, a partir da capital mexicana, Heinrich Martin proferirá um apelo também marcial, embora no sentido oposto: "Que Nosso Senhor, em sua bondade e misericórdia infinitas, se digne livrar-nos dessa besta horrível e devastadora!" (HM, p. 232).[105] Na Besta, é

---

[105] No século XV, Jorge da Hungria já atribuía "à seita dos turcos" o qualificativo de "besta sangrenta" (in HONGRIE, 2007, p. 48). Contemporâneas de Heinrich Martin, opiniões tão respeitáveis quanto a de Tommaso Campanella exigem o aniquilamento dos turcos: "Juntemo-nos para arruinar tão grande lobo que nos arrancou, pela força e pela habilidade, dois impérios e duas centenas de reinos,

103

possível reconhecer o monstro do Apocalipse (cap. 13,1) que São João viu surgir do mar,

> [...] com sete cabeças e dez chifres. Sobre os chifres havia dez diademas e sobre as cabeças, nomes blasfematórios. A besta vista por mim era semelhante a uma pantera: suas patas eram semelhantes às de um urso e seu focinho semelhante ao de um leão. E o dragão transmitiu-lhe sua força, seu trono e um imenso poder. Uma de suas cabeças parecia estar ferida de morte, mas a chaga mortal foi curada; então, a terra inteira, maravilhada, seguiu a besta. E todos se prosternaram diante do dragão porque tinha dado o poder à besta, e se prosternaram diante da besta, dizendo: 'Quem é semelhante à besta e quem pode lutar contra ela?'

Guerra contra os infiéis

A energia utilizada pelo Anônimo de Istambul para coletar suas informações inscreve-se na lógica de um Islã reconquistador. A propósito da Sicília – "região única em seu tempo e pérola de sua época", perdida desde o século XI e espanhola em 1580 –, ele já havia proclamado esta exortação patética: "[...] que o poder do Império Otomano se fortaleça em cada dia, a fim de que, com o mínimo esforço, consiga livrar os lugares santos existentes [na Sicília] das imundícies decorrentes da ignorância e da incredulidade" (A, p. 115). Para o nosso otomano, está fora de questão abandonar os novos territórios do além-oceano nas mãos dos infiéis: tudo deve ser feito para organizar sua conquista. As notícias coletadas por ele visam exatamente convencer o sultão a dirigir suas forças armadas rumo a essa parte do mundo: essa "Índia" invadida e convertida pelos cristãos deverá ser retomada, purificada e convertida pelos soldados do Islã. Mas esse apelo veemente, que ecoa ao longo de toda a obra, ficará sem resposta; nesse aspecto, o sultão otomano é tão prudente quanto seu rival, Filipe II. A verdade é que o avanço otomano em

---

aproveitando-se de nossas discórdias". Até o final do século XVII, eruditos europeus hão de retomar tais imprecações, tal como Gerónimo Monterde, que, em 1684, publicou um *Juicio según letras humanas y divinas de la destrucción del imperio otomano y Agareno, y recuperación de los santos lugares.*

direção ao Atlântico esbarrou no reino de Marrocos, cuja resistência o impediu de chegar às águas do grande oceano. Sem acesso direto ao mar, qualquer projeto americano parece ser uma quimera.

O clamor do Anônimo evoca irresistivelmente o tom dos apelos à conquista da China, que, na mesma época, ressoa na monarquia católica quando alguns espanhóis vislumbram atacar o Império Celeste a partir das Filipinas. Nas duas situações, exprime-se o mesmo tipo de exagero. Mas, daí em diante, as dinâmicas de expansão e dominação planetárias manifestam-se a favor do campo cristão à custa do campo islâmico; não ocorrerá, porém, a conquista da China pelos espanhóis, nem a da América pelos turcos. Ocorre que as veleidades de uns e dos outros revelam como as relações entre Cristandade e Islã inscrevem-se, então, em um quadro intercontinental e, até mesmo, planetário: são a manifestação de uma consciência-mundo que não é apenas o apanágio dos europeus. Com efeito, para além de sua significação militar e religiosa, o apelo do Anônimo parece exprimir também uma interrogação fundamental que é consubstancial a esse estado de espírito: como aceitar e pensar o mundo "pós-colombiano", no momento em que ele foi acrescido de um continente que, por sua vez, pode ser contornado? A única maneira de ligar o Novo Mundo ao antigo, além de corrigir o gigantesco incidente de percurso de que os cristãos souberam tirar proveito, não consistirá em islamizar a América? Eis o preço a pagar para superar o abismo que a separa do *Dar al-islam*.[106]

Da astronomia à astrologia

Heinrich Martin é menos belicoso. Comodamente instalado em sua tipografia da Cidade do México, no meio de seus livros, de seus mapas e de seus aparelhos de medição, nosso homem espera do céu o que seu homólogo espera da Guerra Santa. Sua visão da história do mundo é, antes de mais nada, o fruto de suas preocupações de astrônomo e de astrólogo. Não é historiador de profissão;

---

[106] Expressão árabe que significa "a terra do Islã", referindo-se aos territórios em que prevalece a religião islâmica. (N.T.).

no entanto, se mostra interesse particular pela história otomana, é porque faz questão de verificar a exatidão das predições sobre o destino desse império (HM, p. 232). Ora, em seu entender, a sucessão dos soberanos otomanos estabelece, de maneira irrefutável, que ele está chegando ao fim: Ahmet 1°, filho de Mehmet III, será o último sultão.

O gênero escolhido por Heinrich Martin presta-se facilmente a esse tipo de considerações (HM, p. XXXIX); profusamente representado na Espanha, ele trata de astronomia, astrologia, cosmografia e meteorologia, com a ambição de responder às questões dos leitores que rejeitam o excesso de erudição e o virtuosismo retórico. Andrés de Li, em Saragoça, em 1495; Bernardo Pérez de Vargas, em 1563; Rodrigo Zamorano, em 1585; Jerónimo de Chávez, Martin e Jerónimo Cortés, assim como Juan Alemán tinham publicado alguns "repertórios" correntemente exportados para a América (GONZÁLEZ SÁNCHEZ, 2001, p. 214, 223).[107] Os repertórios europeus têm a reputação de ser os melhores do mundo; assim, não é, de modo algum, surpreendente que o jesuíta Matteo Ricci tenha tomado a iniciativa de corrigir os dos chineses (MORGA, 1997, p. 154). Na época, essa literatura suscita o interesse, igualmente, dos índios do México que se inspiram nela para compor calendários recheados de informações extraídas dos documentos europeus (LÓPEZ AUSTIN, 1973; TAVARÉS, s.d.). As pesquisas que alguns missionários, tal como Bernardino de Sahagún, tinham realizado sobre os conhecimentos astronômicos dos antigos mexicanos levaram alguns letrados índios e europeus a confrontar os saberes que uns e outros possuíam nesse domínio; segundo parece, existiam correspondências entre as duas concepções do mundo. À semelhança de Aristóteles, os indígenas imaginavam a existência de uma série de céus sobrepostos acima da superfície da Terra; mas europeus e índios compartilhavam sobretudo as mesmas curiosidades em relação àquilo que o futuro podia reservar-lhes. Todos, por exemplo, interessavam-se pelos eclipses a que atribuíam influências nefastas sobre a vida terrestre.

---

[107] No Peru, o cronista indígena Guaman Poma de Ayala inspira-se nos repertórios de Andrés de Li e Rodrigo Zamorano; ver Cox (2002).

A HISTÓRIA DO MUNDO ESTÁ INSCRITA NO FIRMAMENTO

Ao publicar seu repertório na Cidade do México, Heinrich Martin inscreve-se em uma tradição local. Uns vinte anos antes, em 1587, Diego García de Palacio havia mandado imprimir uma *Instrução náutica* que abordava os grandes princípios da astronomia. Essa obra propunha também uma "astrologia rústica", baseada no conhecimento dos astros e de suas influências; redigida sob a forma de diálogos, a *Instrução* destinava-se aos marinheiros e aos que se interessavam por temas marítimos (GARCÍA DE PALACIO, 1587, *in-* MEDINA, t. I, 1989, p. 280; TRABULSE, t. II, 1984, p. 17). Tratava-se de uma obra de vulgarização, como o seria o *Repertorio* de Heinrich Martin. A vulgarização representa, muitas vezes, um estorvo para os cientistas; no entanto, a maior preocupação de nosso autor, em 1606, era a ignorância e a avidez de lucro, manifestadas pelos espanhóis do México. O Novo Mundo não é a Europa. No prólogo, pouco preocupado em oferecer uma introdução, de modo algum, instigante para o leitor, Martin deixa transluzir a pífia estima que sentia pelo ambiente mexicano.

O *Repertório* de Heinrich Martin segue as regras do gênero. Após uma apresentação do cosmo, a obra explica o firmamento e as estrelas, define o tempo e suas divisões, analisa os signos do zodíaco, passa em revista os planetas e depois propõe um calendário lunar e algumas previsões metereológicas para os anos 1606-1620 (HM, p. 42-96).[108] Vem a seguir a astrologia, que é, manifestamente, o conteúdo da quarta parte; na realidade, a ciência astrológica predomina na obra de uma extremidade à outra. Essa é, aliás, a explicação para o aspecto, muitas vezes, heterogêneo, por não dizer, desconexo do *Repertório*. A astrologia, afirma Heinrich Martin, é uma ciência indispensável tanto para a agricultura quanto para a prevenção, o diagnóstico e o tratamento das doenças.[109] Mas sua curiosidade chega também aos fenômenos celestes, cujas consequências podem assumir importância política incalculável, como "a conjunção dos

---

[108] À semelhança de todos os *lunarios,* o de Heinrich Martin contém *"las conjunciones, cuartos y oposiciones del sol y luna [...] los cuales se han regulado con la puntualidad a mí posible para el meridiano de esta ciudad de México"* (HM, p. 41).

[109] Em 1607, Juan de Barrios aborda as relações da medicina com a astrologia em sua obra, *Verdadera medicina, cirugía, y astrologia.*

planetas Júpiter e Saturno", ocorrida em 24 de dezembro de 1603, na "nona posição do signo de Sagitário".

É nesse quadro que Heinrich Martin procede à análise da história dos otomanos. O astrônomo observa, o astrólogo interpreta. O que pode ser, portanto, motivo de tanta preocupação relativamente às conjunções de planetas? Elas têm sempre consequências determinantes para o destino dos reinos: "Um grande número de astrólogos e, em particular, os árabes, consideram que a destruição das monarquias, as transformações dos impérios, as guerras, as epidemias, os terremotos, as inundações e outros acontecimentos do mesmo gênero", tudo isso tem a ver com as conjunções planetárias. É o caso, em especial, das "grandessíssimas conjunções que ocorrem de 800 em 800 anos no signo de Áries". As "grandes conjunções" devem constituir também motivo de receio; mais frequentes, elas produzem-se "nos signos de natureza análoga de 196 em 196 anos" (HM, p. 218, 224, 219). Grandes ou gigantescas conjunções, eis-nos bem longe da medicina ou das previsões meteorológicas...

Data fatídica[110]

O interesse que nosso alemão demonstra pelos turcos destoa em uma época em que a Espanha parece desligar-se do Mediterrâneo para se dedicar à defesa do Atlântico. Segundo Fernand Braudel, os

---

[110] As fontes do astrólogo da Cidade do México são múltiplas, e nada têm de particularmente original. Citemos Johannes de Sacrobosco e seu editor, Francesco Giuntini (1523-1590), carmelita e teólogo, cujo *Speculum astrologiæ* (1575) expõe uma defesa e ilustração da astrologia, não hesitando em extrair suas informações das tabelas astronômicas de Copérnico; o alemão, Johannes Müller von Konigsberg (1436-1476), ou conhecido também pelo nome de "Regiomontanus", matemático, discípulo de Georg von Peurbach, autor de tabelas logarítmicas e, em especial, de um calendário impresso em Veneza, em 1476; e o cardeal Pierre d'Ailly (1351-1420), autor de uma grande enciclopédia geográfica, a *Imago mundi* (cerca de 1410). O *Repertório* menciona outra figura resplandecente na Europa, Lucas Gauricus ou Luca Gaurico (1476-1558), napolitano, autor de um *Tratatus astrologicus* (Veneza, 1552). Além de conhecer bem, é claro, um dos grandes nomes da ciência espanhola – Pedro Ciruelo (1470-1548), autor de uma *Apostelesmata astrologiæ christianæ* (1521) –, Martin não deixou de ler Valentin Nabod, autor de uma obra de referência sobre a astrologia, *Ennaratio elementorum astrologiæ* (Colônia, 1560), baseada na obra de Alcabicius [Cientista de origem árabe – Abd Al Aziz Al Kabisi ou Al Kabisi (? -967) –, cujos tratados de astronomia, astrologia, arquitetura e matemática serviram de inspiração, durante vários séculos, aos especialistas do mundo ocidental. (N.T.)].

anos 1578-1583 marcaram uma virada, um fim de século; mesmo que, atualmente, seja necessário matizar os pontos de vista do grande historiador, é certo que, a partir desse período, Filipe II procura sobretudo a paz, e não tanto a guerra, com os otomanos (PARKER, 1998). Que a vitória de Lepanto e os dissabores do Império Turco tenham estancado, temporariamente, o interesse dos espanhóis pelo mundo otomano (BULNES, 1989, p. 75-76), ou que os barbarescos tenham destronado a Sublime Porta na preocupação dos ibéricos, eis o que explica, talvez, o mutismo da produção editorial espanhola em relação aos turcos. Mas como interpretar a iniciativa de Heinrich Martin e a curiosidade dos leitores da capital mexicana? Se, em 1606, existe uma questão para as autoridades espanholas, ela tem a ver com a expulsão dos mouriscos que há de efetuar-se de 1609 a 1614, colocando um ponto final a 900 anos de presença muçulmana no território da Península.

Heinrich Martin não é, todavia, o único a interrogar-se sobre o fim dos otomanos: em 1605, um ano antes da publicação do *Repertório*, um embaixador do rei Henrique IV junto à Sublime Porta, François Savary de Brèves, publica um *Discurso resumido dos meios seguros para destruir e arruinar a monarquia dos príncipes otomanos*. Paris - Cidade do México, travando o mesmo combate? Não, porque o cosmógrafo trata da questão a seu modo, isto é, a grande distância e como astrólogo. Não contente em compartilhar os sentimentos pouco afáveis de um grande número de seus contemporâneos em relação ao mundo muçulmano, sob todas as suas formas – turcos, barbarescos ou mouriscos –, Heinrich Martin pretende antever quando desaparecerá o rival da monarquia católica e brindar com a novidade seus leitores da Nova Espanha; sem deixar, certamente, de se armar de demasiadas precauções em face de uma Igreja cada vez mais desconfiada em relação à astrologia. A demonstração se opera em plena ortodoxia e ao abrigo do tribunal do Santo Ofício da Inquisição, do qual Heinrich não esquece ser "familiar". Como se explica que uma instituição, geralmente, tão severa não tenha procurado interditar a publicação do *Repertório*? A inserção do cosmógrafo-impressor entre as elites da capital da Nova Espanha deve ter levado a melhor, certamente, em relação às suspeitas que poderiam ter sido suscitadas pelas elucubrações de um alemão que havia começado a frequentar o luteranismo ou pelas atividades pouco abonatórias de um mago que se tornara, com demasiada rapidez, tão prestativo.[111]

Então, quando iria desabar, afinal, o "Império Turquesco"? A resposta estava nos astros e nas profecias: a começar por aquelas da sibila Eritreia que havia predito a destruição completa dos turcos e das comunidades muçulmanas.[112] Não é por acaso que Heinrich Martin começa por abrir o repertório, quase canônico, das profecias das sibilas. Tidas como anunciadoras do advento do cristianismo, essas sacerdotisas da Antiguidade tornaram-se, no decorrer dos séculos, objeto de uma abundante literatura que excitava a curiosidade dos eruditos da Renascença. Os artistas da época gostavam de enaltecê-las e introduziam suas silhuetas altivas nas paredes dos conventos e palácios da Nova Espanha, como é evocado pelas belas amazonas da Casa do Deão, em Puebla (GRUZINSKI, 1992).

Descobertas arqueológicas fornecem também seu lote de demonstrações. O patriarca de Constantinopla, Genadios II (Georgios Scholarios, 1400-1473), teria lido o anúncio da queda dos otomanos, "inscrita e configurada" em uma coluna antiga da capital imperial.[113] Fontes alemãs, em particular, misteriosos documentos exumados em Magdburgo, em 1430, tinham predito a vinda de um príncipe chamado Carlos, que reinaria sobre toda a Europa e haveria de socorrer uma Igreja envolvida em tormentas. Após "horríveis reviravoltas de reinos", a Águia e o Leão tornar-se-iam os senhores do mundo; assim, os cristãos poderiam circular, finalmente, com segurança por toda a Ásia.

> Este prognóstico" – explica Heinrich Martin – "faz alusão à chegada das seitas de Calvino, Lutero, Zuínglio e de muitos outros [...]; quanto ao fato de que os cristãos terão a possibilidade de circular livremente pela Ásia, ele anuncia a

[111] AGN, Mexico, *Inquisición*, vol. 328, exp. 30, fol. 131r-133v°.

[112] As "congregaciones del pueblo mahometano", segundo os termos utilizados por Heinrich Martin.

[113] No entanto, sua elevação ao patriarcado havia sido promovida por Mehmet II, em 1454, pouco depois da queda de Constantinopla; ora, Heinrich Martin não faz referência – ou desconhece – esse detalhe. Ver Pertusi (1988) e Yerasimos (1990).

queda do Império Turco e a mudança da seita maometana; a águia e o leão significam o imperador e o rei da Espanha.

Nostradamus, enquanto fiel cortesão do rei da França, aplicará a profecia de Magdeburgo a Carlos IX...

A erudição europeia de Martin não pode deixar de impressionar seus leitores mexicanos e de convencê-los de sua ciência de astrólogo, tanto mais que, para a maior parte deles, esses dados permanecem inverificáveis. Um acúmulo de sinais, prognósticos e acontecimentos fatídicos vem, então, apoiar a demonstração do cosmógrafo; deste modo, percebe-se que as narrativas históricas só lhe interessam pelo material astrológico que elas comportam. Se veio a consultar o *Theatrum Orbis Terrarum*, de Abraham Ortelius,[114] utiliza-se o italiano Francesco Sansovino, que analisou meticulosamente "a história universal dos turcos", são principalmente os astrólogos que prendem sua atenção, um círculo de especialistas internacionalmente reconhecidos, tais como Gerónimo Lafantino, Lucas Gaurico, Nostradamus, Antonio Torcuato da cidade de Ferrara ou ainda Vicente Baldino; todos tinham anunciado acontecimentos excepcionais que, na maior parte das vezes, tinham ocorrido e todos estavam de acordo para predizer "a queda e a destruição do Império Turco" (HM, p. 225). O excelente médico e astrólogo de Ferrara, Antonio Torcuato, tinha feito um célebre prognóstico, *De eversione Europæ prognosticon*, que o cosmógrafo da Cidade do México não podia deixar de citar: divulgado a partir do final do século XV, o *De eversione* tornou-se um clássico do gênero. Além de vários episódios importantes da história europeia – entre os quais, a prisão do rei Francisco 1º e a união de Portugal com Castela –, Torcuato tinha apresentado detalhes decisivos sobre a esperança de vida que restava ao Império Otomano; com efeito, não bastava anunciar a iminência da queda, o que para muitos era evidente, mas ainda e sobretudo se impunha determinar a data exata desse acontecimento.[115]

---

[114] Na edição espanhola de 1588 ou na de 1602; uma primeira edição em latim, *Theatrum Orbis Terrarum*, Antuérpia, Gielis Coppens Van Diest, estava disponível desde 1570. Esse primeiro atlas moderno terá quarenta edições no século XVI.

[115] Sobre a astrologia e os astrólogos no século XVI, ver Grafton (2000).

Nada mais simples, se for dado crédito ao mago de Ferrara e a Heinrich Martin: é o advento do décimo quarto ou décimo quinto imperador turco que anunciará o termo fatal.[116] O último sultão será, indubitavelmente, o pior inimigo da cristandade, ao devastar o mundo cristão "por mar e por terra" (HM, p. 226) e, até mesmo, ao atacar as regiões litorâneas da Espanha. O golpe desferido será horrível. Os cristãos chegarão, contudo, a superar suas discórdias; unidos contra os turcos, eles vencerão o sultão, que perderá a vida. Aproveitando-se da crise política desencadeada por seu desaparecimento, os cristãos limitar-se-ão, assim, a submeter o Oriente à nossa santa mãe Igreja. Restava identificar esse último imperador com um reinado desastroso para o Império Otomano: seria esse Ahmet I, cujo reinado havia começado em 1603? Neste caso, a publicação do *Repertório dos tempos* na Cidade do México, em 1606, viria inscrever-se na mais candente das atualidades; cabe ao leitor apreciar tal coincidência. A história do mundo que apaixona Heinrich Martin identifica-se, de qualquer modo, com o presente imediato.

Para dizer a verdade, Heinrich Martin interessa-se unicamente por acontecimentos históricos que haviam sido anunciados por astrólogos. Temos até a sensação de que, em sua mente, um fato é tanto mais marcante e significativo, na medida em que é predito: com essa condição, é que ele se eleva à categoria de acontecimento. É o caso, em 1571, da tomada de Chipre pelos turcos e da batalha de Lepanto; da entrada do grão-turco na fortaleza de La Goulette, em 1574; da revolta da Flandres; da declaração da guerra turco-persa, em 1577; ou ainda no ano seguinte, da "perda desastrosa do rei de Portugal, na África", ou, dito por outras palavras, de sua derrota em Alcácer Quibir. Como todos esses acontecimentos haviam sido anunciados e ocorreram efetivamente, o leitor deduzirá que outras predições não deixarão, um dia, de se cumprir. E, nessa matéria, haverá algo de mais incontestável que as profecias dos interessados, "o que dizem os turcos a respeito

---

[116] Antonio Arquato ou Torquato (Torquatus) tinha enviado esse prognóstico, em 1481, a Matias Corvino, rei da Hungria. Ele teria anunciado, igualmente, a chegada de Lutero e o saque de Roma. Ver Cantimori (2002) e Garin (2001).

de si mesmos e que haviam recebido dos antepassados" (HM, p. 226)? Nesse caso, Heinrich Martin faz referência ao milenarismo muçulmano: Maomé teria predito que sua lei duraria mil anos. Um cálculo elementar impunha-se: se o ponto de partida adotado fosse o nascimento do profeta (que Martin situa em 592), o prazo já teria passado, mas, se esse ponto fosse a pregação do Alcorão (623, ainda segundo nosso alemão), o ano mil dos muçulmanos poderia parecer a pequena distância, e todas as esperanças eram permitidas. Para coroar toda essa argumentação e voltar aos astros, um gigantesco cometa tinha aparecido no firmamento mexicano nos primeiros dias de outubro de 1604, época da redação do *Repertório*; ora, sua passagem tinha durado mais de um ano. Os cometas – e os leitores de Heinrich tinham pleno conhecimento desse detalhe – pressagiam sempre calamidades.

Cometas, tradições maometanas, prognósticos alemães, franceses e italianos, ou ainda profecias antigas revisitadas na Idade Média: à semelhança da maior parte de seus contemporâneos, Heinrich lançava mão de tudo para adivinhar quando adviria o fim dos turcos. Mas é provavelmente o sonho de "Amurates" – Murat III (1574-1595) – que suscita nele ainda mais fascínio: enfermo e acamado, o filho de Selim II teria visto, em sonho, uma figura gigantesca que tinha um pé apoiado na torre da grande mesquita de Constantinopla e o outro no "cabo do mar". Seus braços estavam estendidos para o céu: em uma mão, segurava o Sol e, na outra, a Lua. Com o pé apoiado no minarete, o gigante destruiu a mesquita e o palácio de Murat. Apavorado, o sultão acordou, em sobressalto, e mandou convocar seus magos que se apressaram em reconfortá-lo, assegurando-lhe que o prodígio pressagiava uma catástrofe para a cristandade.[117] Com sua habitual arrogância, Heinrich Martin rejeita imediatamente a interpretação turca. A figura gigantesca, se lhe for dado crédito, nada é além de Deus que segura em suas mãos, tanto os cristãos (o Sol) quanto os muçulmanos (a Lua). Evidentemente, a destruição da mesquita e do palácio prefigura a destruição da "seita maldita" e da "monarquia

---

[117] O sonho de Murat III evoca o de Nabucodonosor, que sonhou com uma estátua estilhaçada por uma pedra e com uma árvore gigantesca que atingia o céu (Livro de Daniel, cap. 2,3).

do Império Turco": para confirmar o funesto presságio, aliás, haveria algo de melhor que a morte do sultão, ocorrida cinco dias depois? A Murat sucedeu Mehmet III (1595-1603), terceiro com esse cognome e, segundo Martin, décimo quarto imperador. A contagem regressiva dos anos havia realmente começado.[118]

Uma visão astronômica e astrológica do mundo

A atenção extrema que nosso alemão presta ao Império Otomano resulta, portanto, diretamente de suas preocupações astrológicas. Ele aborda o caso turco na parte do *Repertório* em que se questionava sobre "a grande conjunção dos planetas Júpiter e Saturno, ocorrida em 24 de dezembro de 1603, na nona posição do signo de Sagitário". Mas é apenas um exemplo entre outros. Ao dissertar sobre o Império Otomano, assim como ao rechear seu tratado com digressões históricas e geográficas, Heinrich Martin pretende obter, mediante uma só ação, dois resultados: por meio de exemplos concretos, mais ou menos familiares ao leitor, ele demonstra o valor da astronomia e da astrologia, sem deixar de expor seu modo de ver o mundo e sua história. Na sua mente, à semelhança do que ocorria com a maior parte de seus contemporâneos, a astronomia e a astrologia são indissociáveis. Uma catástrofe importante, tal como o aniquilamento das populações índias do México, é imediatamente interpretada à luz dessas disciplinas. Situado sob a ascendência de Capricórnio, parece natural que o México – no caso presente, suas populações autóctones – esteja exposto a catástrofes, cada vez que esse signo é afetado por cometas ou conjunções nefastas de planetas: conquista espanhola, epidemia de varíola de 1520 – "a história relata que foi impossível enterrar todos os que morriam, mesmo que esta doença, apesar de sua violência, tivesse poupado os espanhóis" (HM, p. 163) –, epidemia de 1546, além da epidemia de 1576, que causou mais de dois milhões de vítimas.

---

[118] No século XVII, o jesuíta António Vieira invocará a tradição islâmica entre as fontes e os argumentos de suas profecias: "Portugal há de ser império quinto e universal, como se prova com a fé dos históricos, com o juízo dos políticos, com o discurso dos matemáticos, com as profecias dos santos, com as tradições dos mesmos maometanos, para cuja prova se têm feito e escrito doutíssimos tratados" (II, 1856-1857, p. 87; cf. VAINFAS, 2011).

De maneira geral, sinais prodigiosos acompanham os grandes acontecimentos e as grandes transformações – ou *mudanzas* – acarretados por eles. A Bíblia está saturada desse tipo de descrição: Êxodo, Livro dos Reis, Isaías, Macabeus, São Lucas, Atos dos Apóstolos, Apocalipse... O mesmo pode ser dito a respeito dos historiadores da Antiguidade: Flávio Josefo, Eusébio de Cesareia "relatam grandes e numerosos prodígios que antecederam a destruição de Jerusalém e o último cativeiro de seus infelizes habitantes" (HM, p. 132-133). Quem diz história das "mudanças" diz história-catástrofe. Heinrich apresenta-nos, em traços largos, a história das grandes invasões e dos impérios aniquilados, a começar pelas invasões dos bárbaros que devastaram o Império Romano: em 572, os lombardos precipitaram-se sobre a Itália; em 912, foi a vez dos húngaros; em 712, os sarracenos investem contra a Península Ibérica; em 1180, os "mouros" tomam Jerusalém e "roubam" a Terra Santa;[119] em 1453, os turcos apoderam-se de Constantinopla e, depois, será a vez do Egito e da Hungria... Tudo isso é condimentado com atrocidades de todo o gênero, estupros, profanações, infanticídios, crueldades bárbaras, tiranias, monstruosidades, sem contar um acervo de prodígios, cada um deles mais assustador que o outro.

Uma convulsão histórica nunca ocorre isoladamente, como é demonstrado por uma série de exemplos que se situam tanto na Europa quanto na África ou na Ásia. Antes da revolta dos mouriscos e do desencadeamento da última guerra de Granada, em 1568, numerosos foram aqueles que chegaram a observar, em um céu claro e sereno, "uma espécie de faixa que se estendia de La Alpujarra até o Ocidente, aparecendo acima dela [...] rochedos, árvores, montanhas, pessoas com armas e outras em luto, tendo ocorrido também nessa época o nascimento de animais monstruosos". Algum tempo mais tarde, os mouriscos sublevaram-se, deixando dezenas de milhares de mortos pelas montanhas andaluzas. Mas o que é verdadeiro a respeito de Granada verifica-se também em Portugal. O escudo e a espada do rei de Portugal, Afonso Henriques (1109-1185), depositados no mosteiro de Santa Cruz de Coimbra, caíram por duas vezes do lugar

---

[119] Na realidade, em 1087.

em que estavam dependurados: na primeira vez, para anunciar a morte do rei D. João III; e, na segunda, em 1576, no momento exato em que o rei D. Sebastião tomou a funesta decisão de dirigir-se à África e atacar as forças de Moley Mohamad nos "reinos de Marrocos e de Fez". Dois anos depois, o soberano português desaparecia na batalha de Alcácer Quibir, encontrando "sua ruína na África com os melhores homens de seu reino" (HM, p. 134-135). Ora, por falta de um herdeiro direto, dois anos depois, sua coroa caiu nas mãos do primo, Filipe II. Admitindo que os prodígios de Coimbra não tivessem sido suficientes para alertar a opinião, um grande cometa, aparecido em novembro de 1577, no signo de Libra, devia confirmar o fim próximo de D. Sebastião e o destino funesto que iria atingir o reino português. De Portugal à África e da África à Espanha, os presságios reúnem os continentes e urdem a história do mundo.

Com efeito, o astrólogo da Cidade do México não hesita em evocar fatos que se desenrolam, mais ou menos na mesma época, mas no outro extremo do planeta; assim, não é por acaso que ele se interessa pelo Japão. Depois que o jesuíta Francisco Xavier pôs o pé no arquipélago, a terra japonesa atrai, em grande número, missionários e comerciantes ibéricos. A instalação dos espanhóis nas Filipinas aproximou a Ásia do México, transformando o Japão no alvo dos funcionários régios, dos comerciantes e dos monges que veem esse território como um trampolim para alcançar a mirífica terra da China. O exemplo escolhido por Heinrich Martin diz respeito à morte, em 1582, de um grande senhor do Japão, Nobunaga Oda (HM, p. 135). Este *daimio* tinha-se apoderado de uma boa parte do país: a eficácia mortal das armas de fogo tinha-lhe dado a vitória na batalha de Nagashino (1575). Sete anos mais tarde, estando a caminho para reprimir uma revolta, fez uma parada em um templo de Quioto, o Honno-ji; nesse momento, é surpreendido pelo ataque desferido por um de seus oficiais. Então, Nobunaga ter-se-ia suicidado, a menos que tivesse encontrado a morte no confronto; seu desaparecimento abrirá as portas do poder para um de seus generais, Hideyoshi, acelerando a unificação do Japão.

Ora, a morte de Nobunaga havia sido anunciada por uma série interminável de prodígios: céu avermelhado, gigantesca claridade noturna, cometa sem igual, enorme bola de fogo. Segundo Heinrich Martin – o qual, à semelhança de suas fontes europeias, devia ter dificuldade para compreender o sistema político japonês –, o "imperador" tinha mandado construir um templo suntuoso em que, para comemorar o dia de seu nascimento, sua efígie era adorada. Um orgulho tão desmesurado e repleto de idolatria não podia ficar impune, mesmo em terra pagã. Nem o castigo passar despercebido: como ocorria em qualquer outra parte do mundo, prodígios anunciaram a iminência da punição que o céu reservava ao soberano ímpio. Ora, no Japão, o céu possui uma memória pertinaz porque, apesar de terem decorrido vários séculos, essa triste reputação não chegou a ser corrigida: tendo-se tornado, atualmente, um personagem de histórias em quadradinhos e de videojogos, Nobunaga Oda permaneceu como o malvado dotado de um poder de origens monstruosas que já havia causado tamanha impressão a Heinrich Martin e aos observadores europeus.

Pouco depois, o arquipélago foi teatro do primeiro acontecimento, verdadeiramente "internacional", de sua história – entenda-se, para um cristão da Europa da Ásia ou da América: o martírio dos franciscanos de Nagasaki, em 1597. Um drama precedido também de sinais no céu: "No ano anterior, em 1596, no mês de julho, no momento em que o galeão, chamado *San Felipe*, zarpava de Capul [nas Filipinas], os passageiros viram um grande cometa; depois, em 18 de setembro, apareceu à frente do navio uma baleia assustadora. Eles consideraram todos esses episódios como o presságio da calamidade que os ameaçava; com efeito, depois de terem sofrido um terrível naufrágio, chegaram ao Japão, país em que a nau e o dinheiro foram-lhes confiscados, tendo corrido o risco de perder a vida, vítimas de um grande número de desventuras em poder desses bárbaros". Alguns franciscanos participavam dessa viagem: após sua detenção em Nagasaki, eles pereceram em decorrência dos suplícios da crucificação.

Digressão final pela Península Ibérica e por uma atualidade relativamente mais próxima para nos lembrar que os maus presságios são válidos também em relação à Espanha, que, aliás, não usufrui de imunidade diante das catástrofes ou dos castigos divinos: um sino aragonês, que costuma tocar sozinho para anunciar calamidades, faz ouvir seu dobrar a finados, em 1601, no vale do Ebro, pouco antes de se expandirem epidemias por todo o país.

Os astecas tinham razão

Por que empreender sua busca tão longe? Basta que o olhar de Martin se fixe no México e nos prodígios – que ele conhece muito bem – que haviam precedido a queda do império de Montezuma. Monstros de duas cabeças, fenômenos celestes, acontecimentos inexplicáveis, aparições e desaparecimentos inquietantes marcaram os últimos anos do soberano da Cidade do México, sem que seus adivinhos tivessem conseguido interpretá-los de maneira satisfatória. O último prodígio não foi o menos ameaçador: enquanto laborava seu campo, um camponês foi arrebatado por uma águia gigantesca que o deixou no fundo de uma caverna. Uma voz misteriosa perguntou-lhe, então, se ele reconhecia a pessoa estendida no chão. Por seus adereços régios, o camponês identificou Montezuma. A voz anunciou que, logo, o soberano iria pagar seus crimes e sua falta de senso crítico; em seguida, ordenou ao camponês que infligisse uma queimadura na coxa do príncipe. O camponês começou por resistir, mas acabou por obedecer à voz. Depois, recebeu a intimação de ir ao encontro de Montezuma, no palácio, e contar-lhe tudo. Tendo sido reconduzido pela águia ao lugar em que havia sido arrebatado, o homem dirigiu-se à presença do soberano, que só então se apercebeu de que tinha sido queimado na coxa e "ficou cheio de tristeza e de angústia" (HM, p. 139).

Nessas páginas, encontra-se algo mais que vestígios da *História natural e moral das Índias* do jesuíta José de Acosta (1979, p. 235). Heinrich limita-se a retomar prodígios cujo relato, repetido uma infinidade de vezes, circulava por todo o México índio e espanhol. Se ele faz questão de apresentar tais narrativas não é tanto pelo fato de demonstrarem a inelutabilidade da derrota mexicana, mas por confirmarem o caráter infalível das predições indígenas e, consequentemente, o valor universal da astrologia. Heinrich Martin dá-se, até mesmo, ao luxo de inserir, em sua narrativa mexicana, um episódio extraído de uma história de Carlos V.[120] Trata-se de prodígios ocorridos na região de Bérgamo, em 1517, a milhares de quilômetros do Novo Mundo. Quando a Europa ainda desconhecia a existência do México, a zona rural bergamasca tinha-se tornado teatro de fantásticas batalhas noturnas de amplitude apocalíptica que, indubitavelmente, pressagiavam acontecimentos trágicos; logo, conhecido em uma boa parte da Europa, o prodígio suscitou, rapidamente, numerosas interpretações, misturando preocupações escatológicas com o medo dos turcos.[121] O cronista em que se inspira Heinrich Martin não tinha pensado, manifestamente, no México; assim, a história europeia deixava-lhe a possibilidade de escolher a seu bel-prazer. Diante desses acontecimentos sensacionais, o astrólogo da capital mexicana não hesita em colocar o leitor perante a evidência: os prodígios de Bérgamo podiam, afinal, anunciar a conquista do México. "O inventor de tais acontecimentos é o demônio que os predizia por causa de nossos pecados e mostrava sua realização, usufruindo do resultado que esperava tirar desses eventos" (HM, p. 138).

Na mesma época, de fato, alguns pescadores tinham capturado, no lago da Cidade do México, uma ave que, apesar de sua aparência, não era um grou: ao ser apresentado a Montezuma, este observou que o estranho volátil tinha na cabeça uma espécie de espelho, o qual mostrava o céu e as estrelas, no momento em que essas já tinham desaparecido do firmamento mexicano. Em seguida, os índios viram no objeto "guerreiros oriundos do Oriente que combatiam e se matavam uns aos outros". Será que as aparições da região de Bérgamo se reproduziam também no México? Os áugures de Montezuma foram incapazes de explicar o prodígio, e, de repente, a ave desapareceu. Observar-se-á que, turcos ou mexicanos, os adivinhos locais nunca tiveram a clarividência de Heinrich Martin, como se o mundo cristão, até mesmo no domínio da astrologia, fosse obrigado a manter sempre a dianteira.

A prioridade concedida ao tema da queda dos impérios e aos sinais premonitórios explica que, em sua visão histórica, Heinrich

---

[120] Sandoval, 1955-1956, 3 vols. Bispo de Tui e de Pamplona, Prudencio de Sandoval (1553-1620) acabava de publicar sua obra (1604-1606). Heinrich Martin cita o livro II (p. 136-137).

[121] Em relação ao contexto italiano, ver NICOLI, 2007.

Martin atreve-se a tratar do fim anunciado dos mexicanos (1521), antes mesmo de abordar a descoberta do Novo Mundo (1492), portanto, sem levar em conta a cronologia. A inversão não é menos reveladora, já que, de novo, ela exprime um ponto de vista local que rompe com o etnocentrismo dos cronistas e dos historiadores europeus. Não é um acaso se, ao falar da "chegada de Hernán Cortés [a esta região]" (HM, p. 139), Heinrich Martin adota a perspectiva do México. As duas histórias – a da Europa e a do México – foram constituídas, durante muito tempo, por séries paralelas e independentes de acontecimentos, até que a linguagem celeste dos sinais e dos prodígios veio estabelecer uma relação entre eles. Ao deduzir tais vínculos entre os dois mundos, o alemão torna manifesta uma causalidade que transcende os continentes e antecede a fusão das duas histórias sob os efeitos da conquista espanhola: no céu tropical do México, estão inscritos os sinais precursores da invasão espanhola do mesmo modo que, na Europa, repercutem prodígios anunciadores do destino do Império Mexicano. A equiparação dos dados astrológicos antecipa e, no final de contas, confere legitimidade à anexação do México pela Espanha.

História global e fim do mundo

Se Heinrich Martin experimenta tamanho apreço pela história e pelos historiadores – é assíduo frequentador das "crônicas e histórias de autores fidedignos" –, ele permanece, acima de tudo, um astrólogo que procura compreender os acontecimentos do mundo e acredita ser capaz de decodificar tudo com a ajuda dos astros. Portanto, ele tem necessidade da história do mundo para verificar o valor de seu sistema: a diversidade das épocas, sociedades, situações e acontecimentos acaba, afinal de contas, por confirmar suas interpretações; mas, por sua vez, essas mesmas interpretações o reconduzem às pistas de uma história global, como se o velho código astrológico – a ser manipulado com tato para não inquietar a Inquisição e salvaguardar a ideia de um livre arbítrio – permitisse pensar o mundo com a certeza de uma ciência e a precisão da matemática.

A astrologia justifica também seu interesse por outras sociedades. Às fontes europeias do século XV e XVI, Heinrich Martin tem a perspicácia e a ousadia de acrescentar as crônicas ou os anais dos índios do México; tais fontes, anteriores à chegada dos espanhóis, demonstram que a história indígena se explica exatamente como a história europeia e asiática porque, nesses documentos, sinais prodigiosos antecedem também acontecimentos catastróficos. Essa correspondência comprova que as fontes mexicanas não deveriam ser entendidas como fantásticas ou fabulosas; assim, outras histórias, além daquelas do Velho Mundo, são, portanto, perfeitamente aceitáveis, merecendo ser postas em paralelo com aquelas que vêm da Bíblia, da Antiguidade, dos turcos ou da Europa renascentista.

Se é possível encontrar o esboço de uma história global no *Repertório dos tempos*, ela é tributária, paradoxalmente, dessa amálgama da astronomia com a astrologia. O quadro astronômico e astrológico fornece, ao mesmo tempo, um sistema de explicação com valor universal, um código de leitura aplicável, seja qual for a latitude e a época, assim como uma maneira de articular entre si as histórias dos povos do mundo. Os europeus não têm o monopólio desse procedimento, já que outros povos, tais como os chineses, possuem "grandes astrólogos" (ESCALANTE, 1577, p. 63). O sistema é universal porque permite interpretar a conduta dos humanos e, portanto, o destino das sociedades em todo o globo. Matemática, astronomia e astrologia estão estreitamente associadas nessa leitura, pretensamente "científica", do mundo. Seria difícil, atualmente, acompanhar nosso alemão por esse caminho, mesmo partilhando com ele uma das molas propulsoras de sua percepção da globalidade: a confiança nas previsões meteorológicas e astronômicas. Não são as previsões meteorológicas que estão em vias de mergulhar a humanidade inteira na expectativa de um desastre planetário em decorrência do aquecimento global? Ao leitor da Cidade do México, Heinrich Martin explica que a ciência dos astrônomos autoriza a previsão dos eclipses, em toda parte do mundo, inclusive em regiões ainda desconhecidas ou consideradas inacessíveis. Concebido para ser consultado na capital mexicana, seu *lunario* apresenta-se também como um instrumento universal: "[seu] modo de emprego [permite] servir-se dele em outras partes do mundo" (HM, p. 41, 104). No século XVI, a consciência-mundo também passou por essa etapa científica e meteorológica.

Outros indícios são, presentemente, mais desconcertantes. A história "global" segundo Martin privilegia as grandes transformações políticas e religiosas porque tais reviravoltas limitam-se a prefigurar o fim do jogo, prenúncio do Juízo Final, "a incomparável mudança do Juízo Universal" (HM, p. 132). Todos os astrólogos gostam de especular a respeito do fim do mundo. Tal ideia fixa denuncia, às vezes, preocupações mais pessoais. Heinrich manifesta uma singular insistência em evocar a "destruição" da Espanha cristã, como se essa lembrança fosse capaz de provocar calafrios em seus leitores espanhóis. Esse desastre traduziu-se pela islamização de uma boa parte da Península, tendo ocorrido sob o reinado tirânico do rei Rodrigo, que tivera a ideia de mandar abrir um palácio de Toledo, chamado Casa de Hércules, que estava fechado "com grande quantidade de fechaduras e cadeados". As personalidades mais importantes do país explicaram ao rei que a abertura dessa mansão implicaria grandes desgraças ao reino da Espanha e desaconselharam-no formalmente a executar tal ato. Rodrigo persistiu em seu intento, convencido de que o lugar ocultava tesouros. As fechaduras foram forçadas, e, no interior do palácio, descobriu-se uma estátua de Hércules que, em uma das mãos, ostentava a seguinte inscrição: "Eu sou Hércules, o forte, aquele que conquistou toda a Espanha e matou seu rei, Gerião. E do mesmo modo que a Espanha foi povoada por mim, assim também ela há de ser despovoada por ti". Ao lado da estátua, encontrava-se uma tela pintada com figuras que representavam cavaleiros árabes, circundados por uma inscrição em grego, anunciando o que não deixou de acontecer, ou seja, a conquista e a destruição da Espanha pelos mouros (HM, p. 134).

A Península deveria temer um novo golpe do destino? Seria necessário levar a sério o redobrar a finados do sino aragonês? Heinrich Martin estaria falando, em termos velados, do fim da Espanha dos Habsburgos?

CAPÍTULO 7

O Islã no âmago da monarquia

Espanha, nutriz da depravação maometana
[nutrix mahometicæ pravitatis]
Arnau de Vilanova,
De mysterio cymbalorum Ecclesiæ, 1301

As preocupações astrológicas de Martin deveriam ser suficientes para explicar seu interesse transbordante pelo Islã e pela Turquia. Além dos escravos africanos mal convertidos ao cristianismo ou dos mouriscos desembarcados clandestinamente, não existe nenhum muçulmano, no século XVI, no continente americano. É mesmo a única parte do mundo que parece escapar à influência do Islã. Quanto ao avanço dos turcos na Europa Central, trata-se de algo que não vai inquietar sobremaneira as elites da Nova Espanha, protegidas pela muralha do oceano; aliás, convém não esquecer que essas pertencem a uma monarquia, cujo centro peninsular não pode ignorar o Islã, nem que fosse em razão das relações estreitas – de ódio e fascínio, de familiaridade, de permuta e de aversão[122] – que unem a cristandade ibérica ao mundo muçulmano. Tais vínculos plurisseculares são ainda tão sólidos que eles nutrem um verdadeiro sentimento de culpa na Espanha de Carlos V, reino em que se propagavam profecias lembrando que a terra "havia armado e sustentado a malvada seita de Maomé e dos judeus inimigos de Jesus Cristo" (ALBA, 1975, p. 199); portanto, ela merecia o castigo de Deus.

---

[122] Entre elas, a obsessão pela pureza, o medo da contaminação; ver Wheatcroft, 2005, p. 132.

A lembrança de *Al-Andalus*

Com efeito, como evocar a história da Península Ibérica sem levar em conta séculos de dominação e implantação muçulmanas e, em seguida, o longo processo de conversão, marginalização e eliminação das populações de origem islâmica? Foi só em 1492 que caiu o último reino muçulmano da Espanha, colocando, assim, termo a mais de setecentos anos de presença política e militar. Presença no sentido pleno do termo e não ocupação. Como se mostrasse sua nostalgia a esse respeito, o Anônimo de Istambul sente prazer na descrição meticulosa do esplendor inexcedível dessa Andaluzia. Seus artistas e seus navegadores continuam obcecando a memória muçulmana, e é motivo de surpresa a familiaridade que um originário do Bósforo pode sentir em relação a esse outro Islã enraizado a ocidente do Velho Mundo: "A nobre mesquita de Córdova tornou-se proverbial por ser decorada e embelezada com toda a espécie de elementos magníficos, além de que sua beleza e perfeição são únicas" (A, p. 152).

Tendo-se manifestado em todos os domínios, a presença muçulmana foi, em primeiro lugar, uma realidade humana, tangível nos espaços em que os dois mundos não cessavam de encontrar-se ou enfrentar-se, nem que fosse no interior dos territórios cristãos. Até mesmo no século XIII, ao tornarem-se majoritários na Península, os reinos cristãos conservaram suas populações maometanas. Para o rei Alfonso X de Castela, "os mouros, assim como os judeus, devem viver entre os cristãos, cumprindo a respectiva lei, sem ofender a nossa" (WHEATCROFT, 2005, p. 127). Os muçulmanos que viviam sob o domínio cristão tinham um nome particular: eles eram chamados *mudéjares*, "aqueles que haviam sido deixados para trás" [tendo permanecido na Península Ibérica após a Reconquista]. De fato, toda a espécie de restrições e, frequentemente, de vexames era perpetrada contra essas populações vencidas, sendo variáveis suas condições de vida em conformidade com as regiões e os reinos; elas mantinham, porém, suas mesquitas e escolas. Em todo o caso, nos séculos XIV e XV, o modo de vida mudéjar impregna profundamente toda a sociedade castelhana: *habitat*, mobiliário, vestuário, moda, gastronomia... (Torres Balbas, 1954; Bernis, 1959, p. 199-228; Robinson, 2003, p. 51-77; Dodds; Glick; Man, 1992).

Essa presença explica o fato de que, tendo voltado a cair nas mãos dos cristãos desde 1147, Lisboa continua contando, no século XV, com duas ou três mesquitas em atividade; eis o sinal de que uma população *mourisca* continuava habitando em Portugal. Foi só em 1496 que – pressionado pelos reis católicos, seus sogros – o rei D. Manuel ordena que os mouros sejam expulsos do reino; aqueles que preferissem permanecer no país teriam de converter-se e tornar-se *muladies* ou mouriscos (Pinharanda Gomes, 1991, p. 271). Todavia, seis anos mais tarde, quando o cardeal Cisneros expulsa, por sua vez, os muçulmanos de Castela, muitos deles dirigem-se a Portugal, país em que esperavam encontrar condições de vida mais benignas.

Os reinos ibéricos são, nessa época, os únicos territórios cristãos a acolher, em número considerável, populações outrora muçulmanas: em 1530, metade dos habitantes do reino de Granada e a terça parte dos residentes em Valência são de origem maometana. Essas populações formavam minorias, frequentemente equiparadas a uma quinta coluna pronta a receber ajuda dos turcos ou dos barbarescos; muitos, em número muito maior do que se julga, mantiveram-se fiéis ao Islã. Maneiras de vestir, comer, dançar, cerimônias, rituais, uma literatura – *escritas aljamiadas* e *orações* – certificam a persistência de uma singularidade que as leis de Castela e Portugal obstinaram-se, sem sucesso, em sufocar.[123] Convertidos à força ao cristianismo, os mouriscos da Espanha e de Portugal conseguiram manter viva, durante quase um século, boa parte da herança hispano-muçulmana. Os observadores não se enganam ao afirmar que "eles permaneceram tão mouros quanto no primeiro dia" (Aranda, 1980, p. 36); além disso, um especialista da envergadura de L. P. Harvey não hesita em falar de muçulmanos e não de mouriscos, a fim de acentuar vigorosamente esse enraizamento no Islã. Foi apenas no princípio do século XVII, alguns anos depois da publicação do *Repertório dos tempos*, que os mouriscos foram definitivamente expulsos da

---

[123] Verificou-se a subsistência de festas como as *mouriscas,* herança cristianizada, folclorizada.

Península[124]: a Espanha da Contrarreforma havia decidido entre as vicissitudes da coexistência medieval e a separação definitiva.

No século XVI, a presença hispano-muçulmana continua manifestando-se no cenário urbano, nas paisagens agrárias, na irrigação dos campos, no artesanato, na arquitetura e nas artes decorativas. Numerosas mesquitas foram transformadas em igrejas, numerosos palácios e fortalezas foram readaptados pelos cristãos. As funções são modificadas, mas permanece a decoração e, sem dúvida, muito mais que esse aspecto exterior. A riqueza da arte *mudéjar* revela a originalidade dos cruzamentos entre tradições ibéricas e muçulmanas, além da permeabilidade das fronteiras entre muçulmanos, judeus e cristãos. Como todas as mestiçagens artísticas, esses cruzamentos implicam dosagens bem ponderadas, aliando combinações técnicas e transferências simbólicas que não deixavam de ser tributárias de relações de força entre os adversários. Apesar disso, no decorrer dos séculos, a assimilação se efetuou não só em relação à maneira de fazer, mas também em relação às ideias e crenças. Um pouco por toda parte, mesmo permanecendo fiéis ao Alcorão, as comunidades mouriscas tiveram de inventar modos de vida, ou de sobrevivência, que as situavam entre o mundo cristão e o mundo muçulmano de além-mar, multiplicando a reaproximação e as sobreposições, aliás, condenadas severamente pelos defensores da ortodoxia católica e da pureza do sangue.

No entanto, a herança muçulmana não se limita a essa aparência física, mas é igualmente filosófica e científica. Astronomia, cartografia, ciências naturais, medicina, botânica são outros tantos domínios da ciência árabe de que se apropriam, sem restrições, os ibéricos, em particular, os portugueses. Adotam-se instrumentos de medida, tal como a *balestilha* (de *bilisti,* altura: instrumento usado pelos navegadores para medir a altura dos astros), conserva-se o uso do dedo como unidade de cálculo; verifica-se o recurso a mapas e pilotos árabes (Vasco da Gama recruta Ahmad ibn Majid). Os conhecimentos do mar inspiram-se no *Segredo dos segredos* ou na *Pureza*

---

[124] Pinharanda Gomes (1991, p. 273), evoca dois recenseamentos dos mouriscos residentes em Portugal, em 1603 e em 1618. Damião da Fonseca publica em Roma, em 1612, sua *Justa expulsión de los moriscos de España,* dedicada a Francisco de Castro, embaixador da Espanha em Roma.

das purezas, obra atribuída, erroneamente, a Aristóteles, quando é a tradução latina de um texto árabe, o *Sir al-asrar* (PINHARANDA GOMES, 1991, p. 190), o qual deriva, por sua vez, da literatura sânscrita. Johannes Mesue [Yuhannah ibn Masawaih] é o apotecário por excelência, e suas obras são publicadas, em latim, no século XVI: *Textus Mesue* (1505), *De re medica* (1531). Os pesos utilizados pelos apotecários ou *boticários* são de origem árabe: em Portugal, o *arrátel* continua em uso até o século XVIII.[125] Um dos maiores médicos portugueses do século XVI, Garcia da Orta, não cessa de se referir aos conhecimentos dos "médicos árabes" (PINHARANDA GOMES, 1991, p. 293), nunca perdendo uma ocasião para elogiá-los. A medicina universitária segue os persas, Rhazés e Avicena, além de ler Hipócrates na sua versão árabo-latina, *Ad Almanzorem* (p. 294). Durante muito tempo, não se deu importância a essa dívida nem a esse parentesco. Ao procedermos a esse merecido reconhecimento, somos confrontados com um estranho paradoxo. É provável que essa extraordinária impregnação tenha contribuído para manter a ciência ibérica distante das principais transformações inauguradas pela astronomia de Copérnico, pela alquimia de Paracelso ou pela *Nova anatomia* de Vesálio (1543): como se, desde o século XVI, a contribuição antiga, revista pelos muçulmanos, se houvesse transformado em freio intelectual para os cientistas da Península, incapazes de se decidirem a abandonar Galeno e Avicena.

A herança está subjacente, igualmente, em áreas em que menos se esperava que ela viesse a manifestar-se: na escrita da História,[126] no pensamento filosófico e na mística cristã. O aristotelismo hispânico do século XVI, à semelhança de todo o aristotelismo europeu, é tributário da contribuição de Averróis e de Avicena, por intermédio do pensador judeu do século XII, Maimônides (LIBERA, 1991, p. 98-142). A mística da Espanha do século XVI seria inconcebível sem as contribuições, seja da cabala judaica, seja da gnose islâmica (PINHARANDA GOMES, 1991, p. 286). Os místicos muçulmanos como

---

[125] A trajetória de algumas palavras esclarece a passagem de uma civilização para a outra: o étimo latino *sublimatum* dá o *sulaimani* árabe do qual deriva o *solimão* português.

[126] João de Barros inspira-se em fontes muçulmanas para redigir suas *Décadas da Ásia* (PINHARANDA GOMES, 1991, p. 280).

al-Ghazzali (Algazel) não são certamente antepassados de Juan de la Cruz, Teresa de Ávila ou Frei Tomé de Jesus, mas a eclosão espiritual do século XVI deve muito aos séculos de experiência hispano-muçulmana que a haviam precedido. Ocorre que proximidade demais é destrutiva. A polêmica antimuçulmana e a fobia dos mouros suscitaram uma atitude de rejeição que escamoteia a maior parte dos vínculos que acabamos de evocar: se os letrados cristãos apreciam a astrologia de Ali ibn al Ridjal (Abenragel) e a de Abu-Mashar (Albumazar), eles interessam-se muito menos pela língua árabe[127] e negam francamente a existência de um pensamento filosófico original, chegando mesmo a pretender que ele teria sido banido pelo próprio Maomé.

A vida intelectual dos mouriscos da Espanha e de Portugal nem por isso vai extinguir-se no século XVI. Tendo perdido rapidamente o uso da língua árabe, não deixam de conservar o alfabeto para escrever no dialeto espanhol (*romanço*) que eles falam, dando assim origem à *aljamia* ou *escrita aljamiada* (PINHARANDA GOMES, 1991, p. 282). Na Espanha, seus irmãos de Castela, Granada e Aragão transmitem uns aos outros ou recopiam obras que atravessam todo o século XVI. Livros religiosos e de piedade, comentários jurídicos e, mais raramente, textos de diversão revelam a vitalidade de culturas clandestinas, cujo eco transparece no *Don Quijote* de Cervantes quando esse pretende atribuir a paternidade da sua obra-prima ao escritor mouro Cid Hamete Benengeli (HARVEY, 2005, p. 122-2003).

Conquista e Reconquista

"Sentimos infindo pesar e mágoas sem conta [...], ao pensarmos que várias centenas de milhar de eminentes muçulmanos, grandes ulemás, além de pessoas piedosas e justas foram destroçados pelas mãos dos desprezíveis infiéis", escreveu o Anônimo de Istambul. A queda do reino de Granada, em 1492, marca tradicionalmente o fim da *Reconquista*; além disso, por corresponder à primeira viagem de

---

[127] Entre as exceções, podemos citar o arcebispo de Bragança, Teotónio de Bragança, que colecionava obras em árabe. Humanistas – por exemplo, Clenardo – preconizam, sem sucesso, o estudo do árabe e do hebreu. A tradução do *Tarigh* (Antuérpia, 1610) por Pedro Teixeira constitui uma exceção, e ela faz-se em castelhano: *Relaciones del origen, descendencia y sucessión de los reyes de Persia...* (PINHARANDA GOMES, 1991, p. 281).

O ISLÃ NO ÂMAGO DA MONARQUIA

Cristóvão Colombo, essa data é considerada também como o início da *Conquista* americana, como se Castela tivesse providencialmente passado da luta contra o Islã ibérico para a conquista de seu império planetário. O acaso havia ordenado bem as coisas, e os contemporâneos estabeleceram inevitavelmente o paralelo; tendo recebido, bem cedo, o beneplácito papal, o princípio de um encadeamento entre *Reconquista* e *Conquista* explica perfeitamente a maneira como os castelhanos associaram a expansão marítima à luta plurissecular contra os muçulmanos.[128]

Faltava ainda sacralizar o novo empreendimento. A descoberta da América é um sinal enviado por Deus aos reis católicos. O primeiro e melhor intérprete do Novo Mundo continua sendo Cristóvão Colombo, que transfigurou sua façanha marítima, atribuindo-lhe significação universal. Sua "descoberta", porventura, não havia sido anunciada nos textos sagrados? Como no Salmo (18,5) que exalta Javé, o Sol de Justiça: "*In omnem terram exivit sonus eorum, et in fines orbis terrae verba eorum*" (por toda a terra, estende-se seu eco, e até aos confins do mundo, sua fala).[129] Ou, ainda, como no Apocalipse (21,1): "*Et vidi caelum novum et terram novam*" (Vi, então, um novo céu e uma nova terra [...] E vi a Cidade Santa, a nova Jerusalém; cf. Livro de Isaías, cap. 65, 17 e cap. 66, 22). O genovês está convencido de que ele é o mensageiro celeste enviado para anunciar "o novo céu e a nova terra descritos por São João" (Apocalipse, 19),

---

[128] A bula *Inter cœtera* (4 de maio de 1493) estabelece claramente tal encadeamento; ver Suess (1992, p. 249). Derrotado em Granada, o Islã mantém o litoral africano do Mediterrâneo Ocidental: eis a explicação para o fato de que, desde 1494, Fernando de Zafra tenha sugerido apoderar-se de Melilla, término das caravanas que traziam o ouro do Sudão. Por sua vez, Portugal participa dessas inquietações e entusiasmos: o cardeal Cisneros não tinha solicitado o reforço do rei D. Manuel para seu projeto de cruzada? Em vez da tomada de Granada, os portugueses conseguem instalar-se em Ceuta, em 1415: nesse caso, a passagem da reconquista à conquista, tão imediata quanto em Espanha, é bem mais precoce. A progressão pelas regiões litorâneas da África não cessa de esbarrar em populações negras islamizadas, antes de surgirem, nos horizontes asiáticos, outros interlocutores muçulmanos. Quando o rei D. Manuel se proclama rei de *Além-mar em África, senhor da Guiné e da Conquista, Navegação, Comércio de Etiópia, Arábia, Pérsia e Índia*, esse título assemelha-se mais a um programa de conquistas do que a uma lista de territórios sob controle português. A vitória dos portugueses em Azamor – Azemmur, no Cabo Branco – suscita o entusiasmo popular. Na tragicomédia *Exhortação da guerra* (1513), o dramaturgo Gil Vicente coloca em cena Aníbal, o herói das Guerras Púnicas, que vem anunciar aos cristãos que a África será arrancada aos muçulmanos, enquanto Aquiles pede ao clero para vender seus bens a fim de financiar a cruzada.

[129] Salmo 19 da Bíblia de Jerusalém; Tomaz e Santos Alves (1991, p. 128, n. 148).

e de que os reis católicos são os instrumentos que Deus escolheu para pregar o Evangelho ao mundo inteiro. Mas o que tem a ver o Islã com tudo isso? "Já declarei a Vossas Altezas que todo o lucro do meu empreendimento será despendido na conquista de Jerusalém". Colombo tem uma ideia fixa: com o ouro das Índias é que os soberanos espanhóis cumprirão a profecia de Joaquim de Fiore, conquistando os lugares santos, além de reconstruírem Jerusalém e o monte Sião (MILHOU, 2007, p. 385, 392; PHELAN, 1970, p. 37; MILHOU, 1983; HAMDANI, 1979). Então, soará em breve a hora da conversão dos povos da terra.[130] A continuação da cruzada justifica, portanto, a conquista e a espoliação do Novo Mundo. Desde 1492, antes mesmo que as ilhas ocidentais se tornassem a quarta parte do mundo, o destino da América está ligado ao das terras do Islã.

Nem por isso, a *Conquista* consegue pôr um ponto final à *Reconquista*. Como prelúdio de sua quarta viagem (1502-1504), Colombo teria desejado prestar socorro aos portugueses, cercados pelos marroquinos em Arzila, a uns quarenta quilômetros de Tânger. O lado aragonês do rei Fernando teima em apostar na opção do Mediterrâneo: soberano de uma Espanha que se tornara, em toda a sua extensão, fronteira da cristandade – aureolado do sucesso na guerra de Granada e rei de Nápoles, desde 1504 – Fernando, o Católico, está bem decidido a dominar o Mediterrâneo Ocidental. No entanto, seu conselheiro, o cardeal Francisco Jiménez de Cisneros, é também um ardente partidário da retomada da cruzada: ele prega a destruição da seita maometana e imagina-se já, em Jerusalém, distribuindo a Eucaristia a Fernando e a seus genros, D. Manuel de Portugal e D. Henrique de Inglaterra. Em outros tempos – e se Cisneros tivesse atingido seus objetivos –, a imagem teria dado a volta ao mundo. Os resultados foram mais modestos; ainda assim, os espanhóis apoderam-se de Malzaquivir, em 1505, de Oran em 1509 e, em seguida, de Bugia e de Trípoli, em 1510. Profecias de inspiração joaquimita reconheceram em Cisneros o *pastor angelicus*

---

[130] A ideia de que o construtor da reedificação de Jerusalém virá da Espanha é tomada de empréstimo a Joaquim de Fiori e a seus intérpretes (PHELAN, 1970, p. 39). As citações de Joaquim de Fiori são extraídas por Colombo da obra de Pedro de Aliaco, *De concordantia astronomie veritatis et narrationis historice*; ver Gil (1989, p. 195-217).

que Deus teria designado para destruir o Islã (MILHOU, 1994/1995, p. 194). No verão de 1511, Fernando prepara-se para embarcar com o objetivo de tomar Túnis, mas é obrigado a renunciar a seu projeto em decorrência da guerra declarada contra a França (PÉREZ, 1988, p. 310). Prevalece, então, uma atmosfera de exaltação messiânica que ultrapassa as fronteiras de Castela, atingindo outros ambientes europeus no alvorecer da Reforma; com efeito, estamos a poucos anos da revolta de Lutero (BATAILLON, 1982, p. 55-56).

A luta da Espanha contra o Islã mediterrânico passa ainda por numerosas vicissitudes no decorrer de todo o século XVI, à medida que tal confronto se estende às outras partes do mundo: na primeira metade do século, à frente de um império em expansão, Solimão, o Magnífico, surgiu como rival planetário de Carlos V, de tal modo que o grão-turco acabou por destronar o mouro nas obsessões europeias. As ameaças que pairam, então, no litoral cristão do Mediterrâneo e no centro da Europa – a Hungria cai em mãos dos turcos, em 1526, três anos antes do cerco de Viena – atormentam os cristãos da Renascença. Assim, os humanistas, cada um à sua maneira, apresentam um tratado a esse respeito: o italiano Paolo Giovio com seus *Comentários sobre as coisas dos turcos* (1531), além do valenciano Luís Vives com sua *Condição de vida dos cristãos sob o domínio do grão-turco* (1526) e seus *Conflitos europeus e diálogo da guerra contra o grão-turco* (1527).

Castelhanos, aragoneses e portugueses poderiam ter unido suas forças na luta contra o Islã, se seus objetivos territoriais não tivessem sido opostos: se a manutenção de Túnis era crucial para garantir a segurança da Itália dos aragoneses (Nápoles e Sicília), os castelhanos tinham maior interesse em esmagar os mouros de Oran, de Argel ou de Bugia (PÉREZ, 1988, p. 310-311) que exerciam a pirataria em seu litoral; por sua vez, os portugueses interessavam-se prioritariamente, e havia muito tempo, pelo Marrocos atlântico. O século foi permeado por vitórias e derrotas retumbantes. Carlos V lançou dois ataques memoráveis: o primeiro contra Túnis, cujo sucesso foi aclamado por toda a cristandade; enquanto o outro, contra Argel, acabou em catástrofe. Em 1571, a vitória de Lepanto, "midiatizada" até o Japão, criou a ilusão, durante um instante, de que a cristandade católica era capaz de se unir para destruir o grão-turco, mas ela não teve futuro. Em compensação, a grande expedição enviada a Marrocos por Portugal, em 1578, desencadearia uma série de desastres para Lisboa: a derrota militar de Alcácer Quibir, a dizimação da aristocracia lusitana, o desaparecimento do rei D. Sebastião e, pouco depois, em 1580, a união do reino à coroa espanhola (VALENSI, 1992).

Enquanto se multiplicam os descobrimentos e as conquistas de além-mar, prossegue o confronto entre os dois campos, sem que a Europa cristã consiga organizar a derradeira cruzada com que muitos ainda sonham; tal situação pode ser explicada, em grande parte, pelas divisões do mundo cristão entre católicos e protestantes, assim como entre católicos – o rei da França arriscando a sorte contra o grão-turco, enquanto Veneza optava pela neutralidade. A ideia da cruzada não se desvaneceu, mas obceca o imaginário dos europeus e orienta sua maneira de conceber o mundo, sobretudo como modelo ideal de uma unidade cristã a ser constantemente reinventada, e não tanto como passagem à ação. Vislumbrada desde a Cidade do México, Lisboa, Goa ou Nápoles, a luta das potências europeias contra o grão-turco continua sendo concebida como uma das principais molas propulsoras da cristianização do mundo. Eis porque pensar o Islã é, forçosamente, pensar também o mundo, seja o antigo, seja o novo.

A tal ponto que, se o Islã não existisse, teria sido necessário inventá-lo. Nem que fosse pelo fato de servir, de um dia para o outro, para legitimar a conquista das Índias espanholas. Desde o princípio, a Jerusalém de Colombo e do rei Fernando apresentava-se como o objetivo derradeiro da *Conquista* porque essa continuava sendo o centro perdido do mundo judeu-cristão. Com efeito, em relação às terras recém-descobertas, haveria outra expectativa além de fornecerem as riquezas necessárias à retomada dos lugares santos, à conquista de Jerusalém e à vitória sobre o Islã? O ouro americano caía do céu para financiar a última cruzada e, por si só, justificava todas as guerras e todas as espoliações; e o mesmo ocorria com as especiarias da Índia portuguesa. Os reis católicos tornar-se-iam "senhores do mundo inteiro" (MILHOU, 2007, p. 387). Aliás, a pertinência da invasão do Novo Mundo era, no século XVI, tema de debate; no entanto, os teólogos europeus consideravam que a guerra contra os mouros e os turcos era justa pelo fato de que eles ocupavam indevidamente terras cristãs. Essa é a opinião de um Bartolomé de Las Casas em sua *Apologética historia sumaria*.[131]

Podia-se, portanto, ser tão obstinadamente a favor dos índios, quanto antimourisco e antimuçulmano. No final do século, a corrente antimourisca, sempre virulenta na Espanha, tinha-se expandido até as Índias Ocidentais. Em sua crônica monumental, o franciscano Jerónimo de Mendieta – um dos grandes evangelizadores do México – faz-se eco de uma predição de seu confrade catalão, Francesc Eiximenis, que ele aplica aos habitantes do Novo Mundo: se houver a pretensão de poupar novos sofrimentos à Espanha, "grandes mudanças, perturbações e inimizades", será necessário cristianizar os índios e impedir sua destruição, sem se limitar ao extermínio dos mouros – "que se ponha fim a esse povo celerado que, por todos os meios, deve ser perseguido, destruído e aniquilado para sempre com sua seita maometana".[132] O bom índio – entenda-se, o índio cristão – torna-se, então, o antimouro ou o antimourisco por excelência, mesmo que para outros europeus, aliás, em maior número, indígenas e muçulmanos sejam atingidos pelo mesmo opróbrio.

Batman contra o Islã

Os portugueses não ficam atrás. Em 1504, Duarte Galvão, embaixador do rei D. Manuel junto do papa, insiste para que a Igreja pregue a guerra contra os *Rumes* (os turcos) e em favor da reconquista de Jerusalém (PINHARANDA GOMES, 1991, p. 3, 15). Esse santo empreendimento vai tornar-se uma ideia fixa para o rei D. Manuel: "Além de conquistar Jerusalém e Ismael, o grande rei D. Manuel fará reinar a lei universal".[133] De fato, o Portugal da época tinha-se transformado em mestre na arte de cultivar o sonho e o

---

[131] Casas, t. II, 1967, p. 650; *id.*, *Obras*, BAE t. CX, p. 111b, 1957-1959 (in *Octavo remedio*, escrito em 1542 e publicado em 1552); Milhou (1981, t. 1, p. 30).

[132] *"Según que ello mismos lo pronuncian por sus escrituras y doctores"* (MILHOU, 1981, p. 40; MENDIETA, 1971, t. I, c. 5, p. 29).

[133] Diogo Velho da Chancelaria, *in* G. de Resende, *Cancioneiro geral* (PINHARANDA GOMES, 1991, p. 323; TOMAZ; SANTOS ALVES, 1991, p. 91-92, 126).

dinheiro, assim como as esperanças messiânicas e a caça às especiarias (MILHOU, 1994-1995, p. 206).[134]

Na Europa Medieval, e nomeadamente na Península Ibérica, um grande número de pessoas compartilhava a ideia de que a conquista do mundo e a dominação universal deviam passar pela destruição do Islã. Aliás, era uma ideia bem antiga: na Península, ela remonta pelo menos ao final do século XIII, quando o médico valenciano Arnau de Vilanova denunciou uma Espanha "nutriz da depravação maometana" [*nutrix mahometicæ pravitatis*], que continuará exposta às lutas intestinas, até que chegue um rei "morcego" para "devorar os mosquitos" (os mouriscos), apoderar-se da África, destruir a cabeça da Besta e ser reconhecido como monarca universal. Arnau não permaneceu insensível às profecias joaquimitas que circulavam no interior de sua ordem, constantemente retomadas, traduzidas e enriquecidas, a fim de se adaptarem ao contexto da época (MILHOU, 2007, p. 320-321). Foi assim que se impôs, no decorrer do século XIV, a imagem de um rei de Aragão destinado a conquistar os lugares santos: mais de um século depois, e cerca de vinte anos antes da queda de Granada, em 1473, Fernando, o Católico, acaba por ser identificado com o famoso morcego, destruidor do Islã. Após a tomada de Oran, em 1509, o cardeal Cisneros é, por sua vez, promovido à categoria de paladino da cristandade e cognominado o *pastor angelicus,* ou seja, o misterioso personagem que reformaria a cristandade e destruiria completamente o Islã (GARCIA ORO, 1993, t. II, p. 537-590).

Os rumores não desaparecem, de modo algum, com o fim do reinado de Fernando, o Católico. Tampouco as opiniões antimuçulmanas. Em 1515, um homem originário de Osma agoniza em um hospital de Salamanca. No entanto, ele encontra ainda forças para anunciar uma série de desgraças perpetradas pelo Islã: para 1517, uma ameaça vinda do Oriente; para 1518, uma revolta dos muçulmanos de Granada; e, para o ano seguinte, a chegada do grão-turco a Roma, obrigando o papa a refugiar-se (ALBA, 1975, p. 173). Sublevações dos nobres, ruína da Espanha, batalhas sangrentas, realização das profecias

---

[134] Em suas origens, a Companhia de Jesus destinava-se a converter os muçulmanos da Terra Santa; no entanto, os primeiros missionários dirigiram-se para a Índia.

de Jeremias: o começo do reinado do futuro Carlos V anunciava-se particularmente agitado. Em 1520, a revolta das *Comunidades* contra o jovem imperador dá, em parte, razão ao misterioso profeta de Osma.

Nesse clima antimuçulmano, circulam os rumores mais desvairados. Alguns sonham em "limpar" a Espanha de todos os mouros, escorraçando-os para o outro lado do Mediterrâneo, antes que os cristãos se lancem à conquista de Jerusalém, passando pela África do Norte e Alexandria.[135] As predições de um sapateiro de Trancoso, na província portuguesa da Beira Alta, espalham-se pelos meios populares e eclesiásticos. Nascido em torno de 1500, o homem chama-se Gonçalo Annes Bandarra: ele prega a chegada do *Encoberto,* "rei das rotas do mar e de suas riquezas", misterioso soberano dos últimos dias que combaterá e esmagará o Islã. "Todos vão acreditar que chegou o ungido salvador".[136] Afinal, suas profecias correspondem ao que muitos esperam, ou seja, "a ruína do Império Otomano, o fim da lei de *Mafoma* e a destruição da casa de Meca"[137]:

> Vi um grão leão correr
> E fazer sua viagem
> E tomar o porco selvagem
>
> A lua dará grã baixa
> Segundo o que se vê nela
> E assim os que têm com ela

Os textos são criptografados, mas os contemporâneos não têm nenhuma dúvida: o "porco selvagem" ou o "rei de Salém", de que fala Bandarra, só pode ser o grão-turco (VIEIRA, 1925, p. 484-485).

Noutros ambientes, a figura do imperador Carlos V cristaliza também um grande número de expectativas. Desde o povo simples

---

[135] [*Los Moros*] *non sabrán de sí que se fazer ni que consejo tomar sino que desearán mucho estar en el rreyno de aliemde, y ajuntarse an para el agua pasar y tanta será la gente de los moros agarenos que en los nabios entrarán que los navios con ellos se fundirán, y más de la tercia parte dellos morirán a espada y la otra terçia parte uiran...* (ALBA, 1975, p. 191).

[136] Bandarra foi condenado a abjurar solenemente suas trovas na procissão do Auto da Fé de 23 de outubro de 1541, em Lisboa.

[137] "Carta ao padre André Fernandes", 29 de abril de 1659, a propósito da morte de D. João IV (VIEIRA, 1925, p. 484-486).

às elites letradas, da Espanha ao Novo Mundo, a preparação da expedição contra Argel (1541) desencadeia uma vaga de entusiasmos messiânicos em torno da pessoa do soberano, saudado como o imperador dos últimos tempos, aquele que realizará a reconquista dos lugares santos e receberá a monarquia universal (MILHOU, 1994-1995, p. 196). Como a expedição acabou em desastre, as esperanças refluem e procuram outros pontos de fixação.

Nem todas as derrotas levam ao abandono das causas. Em 1578, a derrota portuguesa em terras marroquinas dá, novamente, uma formidável aguilhoada nos sonhos messiânicos. O desaparecimento do rei D. Sebastião, na derrota de Alcácer Quibir, reativa o vínculo entre cruzada, expectativas messiânicas e luta contra o Islã. Assim, surge o sebastianismo, que ainda há de obcecar o Brasil do século XX. Em que consiste tal crença? Antes de mais nada, ela tem a ver com predições que anunciam o retorno do rei desaparecido[138]: D. Sebastião salvará Portugal da dominação castelhana e fundará o quinto império do mundo. Politicamente, o sebastianismo reage à reviravolta desencadeada pela derrota africana, permitindo a Filipe II apoderar-se da coroa portuguesa e selar a união dos dois impérios. Em torno do tema do rei desaparecido, o sebastianismo condensa toda a espécie de crenças populares e pretensões políticas. Muitos estão convencidos de que o *Encoberto*, anunciado por Bandarra, é o rei D. Sebastião, cujo retorno parece iminente. Longe de estar morto, o infeliz soberano circularia pelo vasto mundo, combatendo os turcos e esperando, um dia, recuperar seu reinado.[139] Vencido pelos muçulmanos, em 1578, o rei desaparecido haveria de manifestar-se, em breve, para vingar sua derrota; durante esse tempo de espera, suas reaparições fornecem assunto para diversos textos. Na cronologia de Heinrich Martin, encontra-se o eco desses falsos reis: "Neste mesmo ano [1585], dois reis se alçaram em Portugal,

---

[138] Sabe-se que D. Sebastião não tinha herdeiro e que Filipe II apoderou-se da coroa portuguesa, tendo realizado, em sua pessoa, a união dos dois impérios.

[139] Antes de seu *Discurso da vida do sempre bem vindo e apparecido Don Sebastião,* publicado em Paris, em 1602, João de Castro tinha escrito *Da quinta e última monarquia futura con muitas outras coisas admiráveis dos nossos tempos* (Paris, 1597). Nesses textos, aliás, não se tratava apenas de devaneios ou ideias no ar. João de Castro apoiou as pretensões de um falso D. Sebastião, Marco Tulio Catizone, ex-eremita calabrês, surgido em Veneza, cidade em que tinha vivido, durante algum tempo, rodeado por exilados portugueses.

ambos eremitas, que se faziam passar por D. Sebastião: um era filho de um tecelão e o outro, filho de um canteiro; este último foi enforcado e o outro enviado às galeras" (HM, p. 268).

Do lado muçulmano, a temática assumiu também feição apocalíptica: no dia seguinte à batalha de Alcácer Quibir, os mouros puseram em circulação textos, em caracteres árabes, repletos de "predições sobre a ruína da Casa de São Pedro e São Paulo" (PINHARANDA GOMES, p. 325). Em compensação, os mouriscos portugueses apostam no retorno do pobre D. Sebastião, imaginando que o rei oculto é o *mádi* que há de livrá-los do rei castelhano.[140]

Destruição e Restauração

Tais expectativas e imaginários são tanto mais vivos e arraigados pelo fato de que o Islã nada tem de um fantasma exótico ou de uma relíquia do passado para os cristãos da Espanha. Vítimas de razias nas regiões litorâneas ou capturados no mar, muitos correm o risco de passar longos anos de escravidão em Argel, Túnis, Marrocos ou, até mesmo, em Istambul. Tendo sobrevivido à batalha de Lepanto, Miguel de Cervantes fará a amarga experiência, durante cinco anos, de "turismo forçado", que, aliás, vai servir-lhe de inspiração para escrever um famoso episódio do *Don Quijote* e algumas comédias, tais como os *Banhos de Argel*. Foi nesse quadro que numerosos espanhóis experimentaram, física e psicologicamente, a condição de escravos.

Como já lembramos, o Islã continua presente no próprio solo da Península. Ele se encarna em numerosas comunidades mouriscas, convertidas à força; segundo se presume, elas estariam prontas a pedir socorro aos mouros da África e aos turcos. Quando, em 1568, os mouriscos de Granada optam pela revolta, a ideia fixa de uma quinta coluna ocupa todas as mentes. E, certamente, com algum fundamento porque os rebeldes mantêm contatos com Argel e Istambul (HARVEY, 2005, p. 230), além de receberem apoio, até mesmo, de auxiliares turcos infiltrados pelo litoral. Os mouriscos de Granada foram aniquilados em 1571, mas a presença de muçulmanos

---

[140] O messianismo islâmico – o islamismo ocidental sob a forma de madismo – é parente próximo dos messianismos judeu e cristão; ver Pinharanda Gomes (1991, p. 324).

na Península ainda continuará, durante muito tempo, a inquietar, suscitando as piores elucubrações. A fim de se livrarem dessa presença, parece que se chegou mesmo a pensar, no decorrer da década de 1580, em soluções tão assustadoras quanto o afogamento coletivo ou a deportação para as geleiras da Terra Nova: "Nesse local, todos eles hão de perecer, sobretudo, se os adultos e os jovens forem castrados e as mulheres [esterilizadas]" (HARVEY, 2005, p. 295-296). Os mouriscos escaparão à "solução final", mas não à expulsão. Foi em 1609, sob o reinado de Filipe III, que todos eles foram rechaçados dos reinos da Espanha. Essa operação, que durará alguns anos e exigirá recursos consideráveis, colocará um termo a longos séculos de coexistência e conflito, sem impedir, no entanto, que a ameaça muçulmana continuasse a pairar no litoral das terras cristãs. Durante muito tempo, *moros* e turcos que exerciam a pirataria virão reduzir à escravidão marinheiros, camponeses e pescadores das aldeias cristãs. E reciprocamente.

Resta o quadro planetário, indissociável das realidades locais. Na África do Norte, na África Oriental, de Moçambique ao Mar Vermelho, na Índia, nas Molucas, nas Filipinas, por toda parte, ou quase, ibéricos e muçulmanos encontram-se, daí em diante, em permanente confronto. Rival religioso, mas também político e comercial, o Islã é, portanto, o universal interlocutor que se teme e é conhecido há muito tempo. As coisas seriam simples se, paradoxalmente, os piores inimigos da monarquia não fossem outros cristãos, católicos da França, hereges da Alemanha, Inglaterra e Holanda, em suma, frequentemente, novos adversários que se revelam, no imediato, muito mais perniciosos que os turcos e, no fim do processo, vencedores em todas as frentes.[141]

Perto ou longe, fantasma e realidade, encarnação do mal e, ao mesmo tempo, "flagelo de Deus" (HM, p. 231), o Islã exerce papel singularmente ambíguo. Artesão ou objeto da destruição? Ele pode ser tanto a mão providencial que se abate sobre os maus cristãos quanto o alvo de um aniquilamento aguardado com impaciência.

---

[141] De acordo com a proposta do aventureiro inglês Sherley, a Espanha deveria negociar com os turcos, a fim de poder exterminar, como prioridade, a heresia protestante; ver Flores, 1963.

A invasão muçulmana da Península tinha vindo punir, em sua época, os pecados do rei Rodrigo. Não haveria a ameaça de que a conquista muçulmana viesse a reproduzir-se? Quando Bartolomé de Las Casas denuncia a "destruição das Índias", sua fórmula vai além da ideia de uma simples devastação material, reavivando a lembrança da invasão que havia arruinado a Espanha cristã, mas, além disso, ela deixa pendente a ameaça de uma nova destruição, dessa vez, pela mão dos turcos.

"A Espanha foi destruída uma vez pelos mouros e, embora se diga que foi por causa do pecado do rei Rodrigo, que forçou a filha do conde D. Julião, é preferível acreditar que foi por causa dos pecados do povo inteiro e dos males e danos causados aos semelhantes [...]. Ouvimos muitas pessoas dizerem o seguinte: 'Praza a Deus que não venha a destruir a Espanha por todos os males que, segundo se diz, têm sido cometidos nas Índias!'" (MILHOU, 1978, p. 907-919).

O *leitmotiv* da destruição ou da perda assombra o imaginário ibérico. No decorrer do século XVI e ainda no século XVII, "o espectro da repetição da 'destruição da Espanha' não cessou de obcecar algumas mentes...". Na época da revolta das *Comunidades* contra Carlos V, correu o boato de que Deus ia punir a excessiva tolerância dos ricos para com os judeus e os mouros, enviando o Anticristo e provocando uma nova destruição da Espanha. Sugerida em Las Casas, tal destruição é explicitamente vaticinada por mouriscos da Península: "Em um livro de Santo Isidoro, lia-se que o grão-turco deveria conquistar toda esta terra e, com ele, haveria de trazer a escória jamais vista ou conhecida neste território" (MILHOU, t. I, 1981, p. 29). Visionários desatinados percorriam a Espanha de Filipe II e Filipe III para agourar a "extinção da Casa Real da Áustria e a vinda restauradora de um novo Davi ao trono da Espanha" (MILHOU, t. I, 1981, p. 46). À força de evocar o tema da necessária restauração da Espanha, alguns observadores – sem terem adotado tais extremos – podiam dar a entender que uma destruição estava em curso (ver, por exemplo, MONCADA, 1974).

Retorno à Cidade do México

Ora, essa obsessão faz parte tanto da velha teoria da sucessão dos impérios quanto da história da Espanha e das Índias. No *Repertório,* abundam os termos de destruição e perdição que, aliás, são associados explicitamente ao Império Otomano (HM, p. 227). E são igualmente combinados com considerações cuja banalidade não poderia disfarçar a insidiosa ambiguidade:

> Os Estados temporais desenvolvem-se de tal modo que jamais se conservam na mesma condição; pelo contrário, erguem-se e caem, crescem e diminuem, cada um de forma proporcional como ocorre com todas as outras coisas do mundo; além disso, cada um tem prazo e limites fixados pela divina providência. [...] Quando um reino, monarquia ou qualquer Estado chega ao apogeu de sua grandeza, o que se verifica quando cessa de crescer e aumentar, ele começa então a declinar.

Alguns anos antes, em 1589, Giovanni Botero tinha escrito praticamente um texto semelhante em sua obra, *Da razão de Estado*: para um príncipe, é muito mais difícil conservar seu reino do que estendê-lo.

Essas considerações podiam muito bem aplicar-se a uma monarquia católica "que atingiu o auge de sua grandeza". Mas um fiel servidor do rei e da Inquisição teria corrido riscos ao defender publicamente tal discurso na Cidade do México. Uma leitura entre as linhas do *Repertório* leva a se questionar se, ao evocar obstinadamente a queda da monarquia otomana e ao dissertar sobre a fragilidade dos impérios, Heinrich Martin não procura partilhar com seus leitores as inquietudes suscitadas, então, pelo destino da coroa espanhola. A interminável guerra contra a Holanda, o fortalecimento da França e os dissabores financeiros constituíam um augúrio desfavorável. Heinrich estava demasiado ao corrente da situação mundial para não ser sensível a tais circunstâncias. Em seu foro íntimo e no foro de seus leitores, o Império Turco não seria o espelho da monarquia espanhola? Neste caso, por uma simples inversão das situações, a ameaça otomana tornava-se a espada de Dámocles, suspensa acima da coroa espanhola; e o sino do Ebro já não parava de repercutir nas mentes atormentadas.

CAPÍTULO 8

O Islã no Novo Mundo

Observando determinados ritos e costumes destes índios
[do México], alguns espanhóis pensam e dizem que
eles são da linhagem dos mouros.
Motolinía, Memoriales, 1971, p. 14

Que representavam o Islã e os turcos para os habitantes do México? Instalados a milhares de léguas das terras muçulmanas, esses passaram e hão de passar a maior parte de sua existência longe de qualquer perigo. Lá... no outro lado, o Islã é tanto um adversário sem rosto quanto um inimigo improvável, pelo fato de não representar qualquer ameaça, direta ou indireta, próxima ou longínqua, sobre essa parte do mundo (DIOUF, 1998). Se excetuarmos os apelos à conquista lançados pelo Anônimo de Istambul que nunca chegaram a produzir qualquer efeito – aliás, à semelhança do que havia ocorrido com o projeto anglo-marroquino de invasão da América Espanhola: bem no princípio do século XVII, a rainha Elizabeth entrou em conversação com o sultão do Marrocos a fim de estabelecer um plano de conquista e colonização que deveria apoiar-se em tropas africanas, que, supostamente, seriam mais aguerridas sob os trópicos (MATAR, 1999, p. 9).

Para dizer a verdade, mesmo que a coroa espanhola tivesse interditado toda a emigração de mouriscos para as Índias Ocidentais, inclusive para desenvolver a criação do bicho da seda (BORAH, 1943, p. 9), numerosos membros dessas comunidades ou de espanhóis de ascendência mourisca lograram transgredir tal proibição.[142] Outros encontravam-se nessa região, mas contra à vontade. Escravos turcos e mouros prestavam serviços no Caribe (MATAR, p. 100). Negros deportados da África não deixaram de introduzir crenças, práticas ou objetos sincréticos de origem muçulmana: os amuletos mágicos, ou *bolsas de mandinga,* encontrados no Brasil revelam a circulação de pessoas que não poderia ser minimizada (MELLO, 1987, p. 216-226; REIS, 2003, p. 159). Mas nada que se assemelhe a uma presença pública, manifesta e proselitista. Em contraste com judaizantes e protestantes, os mouriscos continuarão sendo uma clientela descurada pela Inquisição das Índias Ocidentais; nada ocorria desse lado do Atlântico suscetível de ser comparável ao clima de polêmica permanente e acerba que reinava na Península Ibérica entre mouriscos e cristãos (CARDAILLAC, 1977).

Mouros na paisagem

Paradoxalmente, se o Islã chegou a ter uma presença qualquer no Novo Mundo, tal fato deve-se, antes de tudo, aos cristãos invasores, que, ao desembarcarem, traziam um pouco da Espanha muçulmana. Conquistadores e colonos introduziram as artes e os costumes que haviam adquirido no mundo mudéjar. Numerosos vestígios dessa tradição são visíveis na arquitetura colonial e nos muros dos claustros do México: a decoração com vegetações paradisíacas continua celebrando o encontro dos aléns ameríndios com a profusão ornamental surgida em terra árabe-cristã alguns séculos antes (LÓPES GUZMÁN *et alii*, 1992; ROBINSON, 2003; PETERSON, 1993). O primeiro vice-rei do México, Antonio de Mendoza, era filho do conde de Tendilla, a quem os reis católicos haviam incumbido do governo e da "integração" do Reino de Granada, logo após a Reconquista (CARDAILLAC, 1976; ARANDA, 1980). A experiência cotidiana acumulada no contato com os muçulmanos da Espanha há de ser útil para o representante do rei espanhol no México.

---

[142] Uma mourisca de La Alpujarra [região histórica da Andaluzia] que havia permanecido muçulmana, (MEDINA, 1952, p. 134).

Será que os *conquistadores* chegaram a sonhar, inicialmente, com uma América muçulmana? Desde os primeiros contatos, os espanhóis que tentavam compreender a estranha singularidade do México acabaram por compará-lo àquilo que conheciam menos mal, projetando, nessas novas terras, o que sabiam ou imaginavam saber do mundo muçulmano, tão próximo deles no espaço e no tempo.[143] O México da conquista adquire, assim, com frequência, ares da África ou da Espanha muçulmanas. Em 1517, a primeira grande aglomeração descoberta na costa do Yucatan recebeu a denominação de "Grande Cairo", sem dúvida porque, até aquela data, a capital dos mamelucos causava admiração a todos os viajantes (MERLE, 2003, p. 104): "Uma cidade plana e compacta, [...] três vezes maior que Paris e cinco vezes mais populosa" (SCHEFER, 1884, cap. II, p. 46-48). Três anos mais tarde, as descrições de Tlaxcala e de Cholula – elaboradas por Cortés, em sua segunda *Carta de relación* – utilizam o prisma granadino: a cidade de Tlaxcala "é bem maior que a de Granada e muito mais fortificada, com tão boas construções e com uma população bem superior à de Granada na época da sua conquista; além disso, está mais bem abastecida de produtos da região". Seus habitantes são "pessoas ajuizadas, absolutamente bem comportadas, mais cultas do que é possível encontrar de melhor na África". Por sua vez, os habitantes de Cholula, outra prestigiosa cidade índia, adotam atitudes africanas, "as figuras mais importantes usam grandes albornozes por cima da roupa, porém, diferentes dos mantos da África, porque têm aberturas para as mãos; contudo, no que se refere à confecção, ao tecido e aos arranjos, são verdadeiramente os mesmos". A paisagem urbana é harmoniosa. E continua Cortés: "Contei, do alto de uma mesquita, quatrocentas e trinta torres nesta cidade e são todas de mesquitas". Eis o que ele tem a dizer de Cholula. No que diz respeito à Cidade do México, ela aparece igualmente coberta de mesquitas (CORTÉS, 1963, p. 45,

---

[143] Em relação ao papel das crônicas espanholas dedicadas à África do Norte, em muitos aspectos tão próximas das crônicas das Índias Ocidentais, ver Mercedes García-Arenal, em sua "Introdução" à obra de Diego de Torres, 1980; ver igualmente DE BUNES, 1985, 1989. As comparações com as populações muçulmanas são válidas também para as populações distantes da Ásia; para Juan González de Mendoza, os chineses de Cantão são *"morenos como los de Fez o Berbería"* (cap. II, 1585).

51, 73). Os coletores de impostos de Montezuma tornam-se "almojarifes" de Montezuma, e os celeiros nos quais são depositados os tributos recebem a denominação de "alholíes" (WECKMANN, 1984, t. I, p. 145; FERNANDEZ DE OVIEDO, 1851-1855, IV, p. 220-221).

Os contatos repetidos vão dissipar rapidamente a confusão, mas os espanhóis hão de guardar o hábito de tais associações, sempre que vierem a deparar-se com novas populações. Esse foi o caso dos chichimecos, índios nômades da fronteira, rebeldes à dominação colonial e à cristianização: a rapidez de seus ataques e seu domínio do cavalo, adquirido com toda a presteza, vão transformá-los em "alárabes" (WECKMANN, 1984, I, p. 145).[144] Nesse mesmo sentido, no final do século, ninguém hesitará em comparar a rebelião dos araucanos do Chile com a revolta dos mouriscos da Espanha, em 1568; mais tarde, no momento de sua expedição, Coronado vai assimilar os grupos do extremo norte da Nova Espanha aos turcos (MATAR, 1999, p. 99). No Brasil, a referência oriental e muçulmana manifesta-se de maneira ainda mais espetacular e duradoura: os "mamelouks" do Egito teriam dado seu nome aos mestiços nascidos de portugueses e índias, os *mamelucos*. Eles mostravam-se tão impiedosos na caça aos índios que serão comparados aos mercenários do Cairo, cuja crueldade e agressividade eram legendárias. Tal denominação parece ter persistido durante toda a época colonial, já que as fontes mencionam ainda a presença de escravos *mamelucos* na Amazônia do século XVIII.[145]

A América liga-se ao Islã por uma característica ainda mais profunda, inerente à própria natureza das primeiras relações que os castelhanos estabeleceram com o Novo Mundo, encadeando reconquista e conquista. A *Reconquista* medieval havia sido uma guerra santa travada pelos cristãos contra os infiéis; cruzada em terra ibérica, ela foi a contrapartida do *jihad* islâmico, "força motriz dos almorávidas" (WHEATCROFT, 2005, p. 123). Por sua vez, a *Conquista*

---

[144] Os árabes são equiparados também aos índios por causa da cor escura de sua pele (MERLE, 2003, p. 143).

[145] Por exemplo, a menção de escravos "*mamelucos e cafuzos*" trabalhando na cultura e no processamento da cana-de-açúcar, em novembro de 1725 (Archivo Histórico Ultramarino, Lisboa, ACL CU 013, Cx. 9, D. 789); ou ainda uma demanda de escrava "tapuia ou mameluca", apresentada em maio de 1727 (Cx. 10, D. 909).

da América tinha a pretensão de ser também uma guerra justa, dedicada a submeter os índios rebeldes ao cristianismo. Mesmo que não tivesse sido apresentada abertamente como uma guerra santa, ela aliava inextricavelmente guerra e religião (JOHNSON; KELSEY, 1990, *in* WHEATCROFT, p. 396; JOHNSON, 1997): eis o que pode ser demonstrado por numerosos exemplos. A assimilação dos índios aos *moros* e a da *Conquista* à cruzada explicam a introdução do culto a *Santiago Matamoros* (São Tiago matador de mouros) no Novo Mundo. Em 822, São Tiago tinha aparecido montado em um cavalo branco, durante a batalha de Clavijo; sua intervenção miraculosa salvou as tropas do rei Ramiro de Aragão das investidas muçulmanas. O milagre repetiu-se posteriormente na Península e, depois, do outro lado do oceano, no qual acabará por americanizar-se (WHEATCROFT, 2005, p. 199; ver, igualmente, FLETCHER, 1984). Em 1535, em plena invasão do Peru, o apóstolo da *Reconquista* apareceu em Cuzco: na época, a cidade estava cercada pelos índios, e, nessa situação desesperada, os *conquistadores* reagiram implorando a ajuda do santo; e foram escutados. Em meio a um formidável trovão, São Tiago desceu do céu, escoltado por um relâmpago que fulminou a fortaleza índia de Saqsahuaman. Os espanhóis reconheceram imediatamente seu salvador, enquanto os índios, apavorados, imaginaram que se tratava de seu deus Illapa, que surgia dos céus para castigá-los. Brandindo sua espada, o santo cavalga um cavalo branco, enfeitado de inúmeros sinos, obrigando os índios a levantar o cerco imediatamente e oferecendo a vitória aos *conquistadores*. Entronizado como santo padroeiro da cidade de Cuzco, São Tiago vai trocar seu nome de *Matamoros* por outro mais apropriado ao contexto local, o de *Mataindios* ("Matador de Índios"). Quadros pendurados na catedral de Cuzco e de outras igrejas do país imortalizaram o prodígio, exibindo um santo triunfante, ocupado em massacrar todos os indígenas que estivessem a seu alcance (GISBERT, 1980, p. 197-198; SILVERBLATT, *in* HILL, 1988). Poder do cavalo e da espada, potência sobrenatural vinda do céu, força das armas de fogo semelhantes ao trovão, a América Espanhola apropria-se do padroeiro da *Reconquista* ibérica, quando a primazia do apostolado de São Tiago está longe de obter reconhecimento unânime na Península.

Cruzada na *Sierra*

Com a derrota do Peru, assim como a do México, presume-se que os índios venham a juntar-se ao campo dos vencedores. De idólatras, tornam-se cristãos com todas as obrigações que a conversão implica: obedecer ao clero espanhol, praticar a monogamia, denunciar judaizantes, idólatras e hereges, além de combater os muçulmanos. Tudo isso estava em conformidade com o espírito e a letra das bulas pontifícias que haviam colocado uma boa parte do globo nas mãos dos ibéricos.

Nesse alvorecer da colonização, não é de admirar que missionários tentassem converter os índios à ideia da cruzada. Mas ainda era necessário ser capaz de inculcar neles a urgência da luta contra os *moros,* explicar-lhes qual era seu verdadeiro adversário e transmitir-lhes a coorte de temores e fantasmas que os ibéricos alimentavam contra o Islã. O projeto parece, atualmente, assaz quimérico, de tal modo a ideia de cruzada remete a determinado legado e, mais ainda, a uma concepção da religião e da guerra santa enraizadas em uma história totalmente diferente daquela da América.

No México é que, provavelmente, se pode seguir, mais de perto, as etapas dessa "colonização do imaginário", componente de uma recriação mimética. Os espanhóis não desembarcaram de mãos vazias. Desde sua chegada, eles introduzem práticas em uso, há muito tempo, na Península: desfiles, combates simulados, torneios festivos que imitam as lutas entre mouros e cristãos. Desde 1524 – e, talvez, antes – em viagem para a Nicarágua, Cortés foi acolhido em Coatzalcoalcos com folguedos desse tipo (HARRIS, 2000, p. 118). Os índios, vencidos ou aliados, ainda não sabendo suficientemente o que significava a fé cristã, contentavam-se em assistir como espectadores a essas celebrações exóticas; na melhor das hipóteses, eles chegavam a compará-las aos combates rituais que se desenrolavam em seus lugarejos, por ocasião dos sacrifícios e das festas religiosas. Com a instalação dos conquistadores e os progressos da evangelização, surgiram projetos mais ambiciosos: em 1539, a celebração da Trégua de Nice entre Carlos V e Francisco 1º serviu de pretexto para suntuosas festividades na capital mexicana. Ela deu lugar a uma surpreendente encenação que introduziu o cenário da cruzada no âmago da Cidade do México: nessa ocasião é que se pôde assistir à batalha travada pelos cristãos na ilha de Rodes contra os turcos. Os combatentes eram, na realidade, *conquistadores* disfarçados, seja em cavaleiros de São João de Jerusalém, seja em turcos; por sua vez, os índios, que formavam a maior parte da assistência, contribuíram também com o trabalho braçal na construção do cenário e dos navios que eram montados sobre rodas para facilitar sua movimentação pela grande praça. Empoleirados nesses navios de opereta, apareceriam também alguns indígenas fantasiados de dominicanos, muito prosaicamente ocupados em pescar ou em depenar frangos.

O espetáculo encantou as multidões da capital mexicana, tendo convencido seus rivais de sempre, os índios de Tlaxcala, a montar uma representação ainda mais grandiosa. Aliás, vale a pena evocar o contexto dessa manifestação. A cidade de Tlaxcala tinha sofrido menos que as demais com a invasão espanhola porque, no momento da Conquista, havia escolhido o bom campo, o dos *conquistadores*. Como os tlaxcaltecas continuaram a mostrar-se colaboradores exemplares, os franciscanos – encarregados de sua evangelização – decidiram protegê-los. Tlaxcala apresentou uma "conquista de Jerusalém", digna de rivalizar com a celebração da Cidade do México: estava em jogo não só o prestígio da "cidade imperial" de Tlaxcala, mas também a reputação da ordem mendicante e o resplendor conferido à cristianização das populações. Em um palco com a dimensão de quatro campos de futebol – quase três vezes o antigo Maracanã – com milhares de figurantes, decorações suscetíveis de matar de inveja a capital, assim como atores principais como nunca haviam sido apresentados desse modo: o papa, os cardeais, o imperador, o "sultão de Babilônia", o vice-rei do México, Hernán Cortés, seu lugar-tenente Pedro de Alvarado e ainda muitos outros. Os índios de Tlaxcala conseguiram ofuscar seus contemporâneos: espanhóis, europeus e índios da Nova Espanha, do Caribe e do Peru – todos representados, evidentemente, por tlaxcaltecas – passam vários dias lutando contra as forças do sultão, que agrupam mouros, judeus, sírios... A Europa Cristã e o Novo Mundo enfrentam os muçulmanos e retomam Jerusalém; nesse momento, eles obrigam o sultão a reconhecer sua derrota e a aceitar o batismo. O espetáculo não deixa de mostrar alguns anacronismos: o chefe dos muçulmanos é designado como "grande sultão de Babilônia", isto é, do Cairo, quando a capital dos mamelucos já tinha passado, vinte anos antes, para o domínio otomano; por sua vez, os combatentes do Islã são *moros*, e não *turcos*. O anacronismo acentua ainda mais a dimensão alegórica da produção tlaxcalteca. Mas há outro impacto: é o oriente medieval das cruzadas e do milenarismo franciscano que se recria em terra índia. Na frente de combate islâmica, a América "profunda" está, portanto, em nítida defasagem em relação à Cidade do México, que, mais bem informada, representa, a distância, o confronto contra os turcos no Mediterrâneo Oriental (MOTOLINÍA, 1971, p. 106-113; WEST, 1989). Esse duplo retrato do Islã, que justapõe a visão política e atualizada de uma capital ocidental ao olhar defasado das aldeias indígenas, apresenta boas perspectivas. Assim como vai desencadear algumas confusões: tendo mergulhado em uma história diferente daquela que eles haviam vivenciado, os índios de Tlaxcala ignoram – à semelhança do que ocorre atualmente com certo número de povos do planeta – que eles são passadistas, enquanto seus congêneres da Cidade do México são modernos!

Essa expedição de tropas "americanas" – que, ao lado dos mexicanos, combate figurantes fantasiados de peruanos e de índios caribenhos, nesse cenário teatral que mostra o Oriente Médio –, é motivo de inquietação: não tanto por sua eventual evocação de acontecimentos recentes, mas pela maneira como os índios de todo o continente se tornam protagonistas titulares da luta contra o Islã. Os índios "representam", em todos os sentidos do termo, como cruzados; exercitam-se para alcançar o que é destinado a transformar-se em seu objetivo primordial, a cidade de Jerusalém e, em seu alvo predileto, as forças muçulmanas. Eles se familiarizam com seus novos aliados – alemães, italianos, romanos, franceses e húngaros –, que vêm reforçar os espanhóis. A "produção" tlaxcalteca apoia-se em uma geopolítica sumária, mas eficaz: sob os olhos das multidões indígenas, ela opõe, no espaço, os bons e os maus, os "aliados" – a América Índia e a Europa Imperial – aos *moros*, aos turcos e aos judeus. Além disso, ela imprime na encenação o máximo de clareza: posições, emblemas e trajes oferecem os pontos de referência essenciais. Enquanto Rodes e o Mediterrâneo haviam fornecido o cenário da celebração na Cidade do México, a região dos combates em Tlaxcala assemelha-se àquela que é descrita pelas narrativas dos peregrinos da Terra Santa: Judeia, Síria, Damasco. Mas, para os índios, Jerusalém continuará sendo um nome colado em uma fortificação de papelão, em contraste com a cidade de Rodes, que, pelo empenho dos artistas da capital mexicana, foi reproduzida com um esmero ostensivo de realismo – *"tan al natural"* – que se explica, talvez, pela presença na cidade de vários *conquistadores* originários do Mar Egeu.[146] Em Tlaxcala, tudo passa, de preferência, pela fala, em vez da cor local: longos discursos fastidiosos em náuatle comentam a ação, orientam a movimentação dos atores e insistem sobre os valores da cruzada e do cristianismo.

A médio prazo, o sucesso dessas operações – nas cidades do México e de Tlaxcala – traduzir-se-á pela multiplicação de festas de *moros y cristianos* nas aldeias indígenas do México e das Filipinas. No final do século, a capital mexicana representará inclusive um *remake* da batalha de Rodes, ao servir-se de um castelo edificado perto da laguna para organizar a defesa contra os turcos (RANGEL, 1980, p. 34). O sucesso de tais festividades continua a verificar-se até nossos dias, mesmo que a celebração tenha perdido, há muito tempo, seu sentido original, e os *moros* tenham trocado de identidade várias vezes. Um inimigo virtual presta-se a qualquer tipo de utilização: desde o final do século XIX, os mouros da cruzada têm sido substituídos, frequentemente, por zuavos de Napoleão III, agressores desditosos de um México independente e republicano; além disso, o crescente, estandarte dos muçulmanos, deu lugar à bandeira tricolor dos invasores (ALFARO, 2001).

Nessa primeira metade do século XVI, o Islã *made in Tlaxcala* serve magnificamente aos interesses dos frades, permitindo-lhes defender sua política de evangelização, exibir o apoio maciço das

---

[146] A Jerusalém do século XVI, digna de lástima e tristonha, estava longe de despertar o interesse manifestado pelos viajantes e peregrinos em relação à cidade da época do Cristo. Ver Merle, p. 110, citando António de Lisboa e Diego de Mérida.

populações indígenas, além de recordar suas preocupações escatológicas: a "ruína de Jerusalém" pretende ser antecipação e aceleração de uma história iminente. Para o franciscano Motolinía, "a conquista de Jerusalém" é um espetáculo que, supostamente, apresenta a encenação do futuro próximo. "Então, que Deus realize este prenúncio nos nossos dias" (MOTOLINÍA, 1971, p. 106), brada o religioso em carta dirigida ao imperador. Ao representar em terra tlaxcalteca o cenário messiânico e milenarista da tomada dos lugares santos, o frei outorgava ao índio e à América o lugar a que tinham pleno direito na grande representação escatológica, isto é, no tabuleiro planetário. Um lugar que passa obrigatoriamente pela aniquilação do Islã (FUCHS, 2001, p. 74-75). E se os índios fossem, na verdade, os descendentes das tribos perdidas de Israel, tendo reaparecido para assinalar a proximidade do fim dos tempos?[147] A celebração tlaxcalteca não era a realização do plano anunciado em uma profecia que o papa Leão X teria enviado ao rei Fernando, o Católico: "Esse grande rei D. Carlos [...] atravessará o mar com um grande exército, submeterá os caldeus e destruirá o grão-turco e os palestinos, o Khan e os bárbaros; em seguida, apoderar-se-á da Casa Santa de Jerusalém [...] Ele será o soberano de quase todo o mundo"? (ALBA, 1975, p. 205). O espetáculo americano materializava a profecia (ZUBILLAGA, vol. 1, doc. 62, p. 142-143). Ao representar a tomada de Jerusalém no âmago do México, os índios aceleravam a marcha da História. Qualquer simulação é já, em parte, uma realização: não será que, entre a expectativa febril e a passagem ao ato, ela introduz uma etapa intermediária? Esse deve ter sido o sentimento dos frades e é, assim, que eles se esforçavam em manipular a história e os índios. Quanto aos indígenas, eles viviam tanto mais intensamente essa experiência, na medida em que não eram meros atores à moda europeia: para esses seres que mal haviam deixado as celebrações pré-hispânicas, a encarnação – para a qual eram convidados – ia provavelmente muito além de uma simples representação. O virtual confundia-se com o real, à semelhança do que ocorria, outrora, com a imagem-*ixiptla* do deus que era o próprio deus.

---

[147] Mendieta ([1596] 1971) interpreta, assim, o Livro IV de Esdras. García ([1607], 1981) defende a mesma opinião.

O turco ao socorro da América

Foi, portanto, por intermédio dos mouros que, no decorrer da década de 1530, os turcos entraram na cena mexicana; eles não serão esquecidos na segunda metade do século. A celebração da vitória de Lepanto (1571) deixou marcas no teatro colonial, nos códices e nos escritos indígenas. Ouviu-se o turco do *Colóquio da Batalha de Lepanto* deplorar sua derrota, ao dirigir-se ao público da Cidade do México em uma linguagem estropiada, no pressuposto de ajustar-se às características do lugar: "Maomé, tu querer que cristãos me vencer a mim?/Por que não vir em meu socorro?/Por que promessa não cumprir? Por que dizer? Eu fazer minhas devoções na mesquita [...] / agora perder Torquia me cortar o coração..." (GONZÁLEZ DE ESLAVA, 1998, p. 495). Outro acontecimento sensacional: o massacre dos cristãos de Túnis, em 1574, atribuído às tropas de Selim II, inspirou uma peça de teatro representada na Cidade do México, no Colegio Máximo de San Pedro y San Pablo, apenas um ano mais tarde.

Mas os turcos eram também o flagelo de Deus. O uso de um cenário milenarista, seja ele qual for, é uma operação delicada: ele pode, em qualquer instante, voltar-se contra o poder estabelecido, se esse não for capaz de responder às expectativas dos fiéis e do céu. No passado, a Espanha cristã já havia sido punida e destruída pelos muçulmanos: por que não imaginar que, um dia próximo, não só a Península e a Europa inteira viessem a ser aniquiladas, mas também que a América pudesse servir de santuário aos cristãos poupados pela destruição do Velho Mundo? A história da Igreja convidava a formular semelhante questionamento: desde suas origens, não seguia ela, tal como o Sol, um movimento contínuo de Leste para Oeste, de Jerusalém em direção a Roma, e de Roma, quem sabe, em direção ao Novo Mundo? Tempo e espaço se sobrepõem: "E, como no princípio, a Igreja floresceu no Oriente que é o começo do mundo, convém perfeitamente que agora, no final dos séculos, ela venha a florescer no Ocidente, que é o fim do mundo" (MOTOLINÍA, 1971, p. 157).

Essas ideias circularam, certamente, na Nova Espanha e no Peru, mas sua gravidade impunha uma discrição que, atualmente, é possível quebrar mediante raríssimas fontes. Em abril de 1578, o tribunal da Inquisição de Lima condenou à fogueira o dominicano Francisco de la Cruz: reitor da universidade dessa cidade, por três vezes, esse personagem, que ocupava posição respeitável na sociedade da capital, havia cometido algo de irreparável. Além de ter reiterado os ataques formulados por Bartolomé de Las Casas contra o sistema colonial, provocando a ira do vice-rei do Peru, esse teólogo foi acusado de desenvolver ideias messiânicas e milenaristas, de cunho subversivo. De suas confissões perante o tribunal, em virtude das quais veio a ser consumido pelas chamas, lembrar-se-á a maneira como ele imaginava o papel da Turquia perante a América e como concebia o mundo, particularmente, o Novo Mundo. Francisco de la Cruz esperava tornar-se rei do Peru, papa e, até mesmo, rei de Israel por acreditar que os índios descendiam das tribos judaicas, consideradas, havia muito tempo, perdidas. O trono de São Pedro erguer-se-ia na Nova Jerusalém (Lima), cidade em que haveria de permanecer, no mínimo, durante mil anos. O Peru separar-se-ia da Península, tanto mais facilmente na medida em que Roma e Espanha haveriam de ser destruídas para redimir seus pecados: "Deus vai destruir a Europa pelas mãos do turco". O Império Otomano incumbir-se-á desse imundo serviço, capturando o papa e atacando a Itália, a França e a Espanha. Em quarenta e dois dias, a cristandade europeia será erradicada da face da Terra. A partir de então, as ligações marítimas com o Velho Mundo serão suspensas, e, com elas, toda a espécie de relação com os povos europeus. Visão isolacionista e "antimundialista" premonitória, impregnada por uma considerável dose de pacifismo, o discurso do dominicano projeta a América para o primeiro plano da cena histórica, sem deixar de desligá-la do binômio euro-otomano.

As fontes da mensagem nada apresentam que possa nos surpreender: o Apocalipse de João, os profetas do Antigo Testamento – Daniel, Abdias, Habacuc, Isaías e Ezequiel – cruzam-se incessantemente com referências judaicas e astrológicas. Mais original ainda, a caução procurada junto dos índios do Peru: a crença indígena na reviravolta do mundo, o *Pachacuti,* conforta Francisco na convicção da inelutabilidade das transformações futuras. Como aconteceu mais tarde com Heinrich Martin, as tradições locais são aproveitadas para reforçar o peso da profecia.

A utopia delirante do dominicano será efêmera; resta a ideia premonitória da independência, acompanhada por uma transferência da cristandade para as Índias, já em germe nos escritos de Casas. A América de Francisco de la Cruz é a do cumprimento de todas as profecias: nova "terra prometida", mas também terra de refúgio para aqueles que tiverem escapado das mãos do turco e do Islã (CASTELLÓ, 1992-1996), o Novo Mundo aguarda apenas os puritanos do século XVII para montar, de novo, na vaga do milenarismo. De qualquer modo, em Lima, um passo decisivo foi dado em relação à "conquista de Jerusalém": as forças do Novo Mundo deixaram de ser o aliado privilegiado contra os *moros* para se tornar o derradeiro recurso do planeta (BIGALLI, 2000; GRAZIANO, 1999).

O triângulo da Renascença

Além dos franciscanos ou dominicanos espanhóis, outros missionários deixar-se-ão conquistar pelo viço juvenil de um continente miraculosamente preservado do Islã, a começar pelos protestantes ingleses (GRUZINSKI, 1985; GRAZIANO, 1999); entre os hereges de Londres ou Plymouth, a relação com a América passa igualmente pelo Islã.

Os ingleses da Renascença não se contentam em representar "mouros e cristãos" nos torneios faustosos no chão de sua ilha; a imagem do Islã assombra também os fragmentos da América que eles conseguem arrancar à monarquia católica. Com eles, a relação triangular que vemos perfilar-se entre terras do Islã, da Europa e da América, assume nova feição,[148] pelo acréscimo de um novo parceiro. Desde as últimas décadas do século XVI, um número cada vez maior de súditos da rainha Elizabeth vivem a dupla experiência da América indígena e do Mediterrâneo muçulmano; parece até que muitos tenham começado a desinteressar-se pelo Novo Mundo, preferindo o Mediterrâneo mais próximo, mais familiar e mais atrativo para os aventureiros, além de menos perigoso que as insondáveis profundezas oceânicas e os "desertos" (*wilderness*) de além-Atlântico. É certo que, salvo os escravos turcos ou africanos,

---

[148] Sobre a triangulação ibérica, ver os sugestivos pontos de vista de Fuchs (2001).

alforriados pelos ingleses no decorrer de suas incursões pelo Caribe, esses súditos não chegam a encontrar muçulmanos na América, mas o mundo ameríndio deixa-lhes a impressão, no final de contas, de ser muito mais inquietante, entregue totalmente ao demônio, povoado de seres imorais e rebeldes às revelações das Sagradas Escrituras (Joseph Mead (1586-1638) *apud* MATAR, 1999, p. 130).Tendo entrado em contato com as sociedades indígenas, estas tornam-se espelhos que, bem depressa, lhes enviam reflexos sinistros do Islã. Mouros e índios interpenetram-se nas mentes mais cultas. As mesmas obsessões e os mesmos preconceitos explicam que a silhueta do muçulmano se sobreponha progressivamente à do índio da América: criam-se fantasias a respeito da sodomia tanto dos índios quanto dos turcos; incrementa-se o menosprezo pelos abomináveis modos de vida adotados por uns e pelos outros; além de serem depreciados os europeus que se tornam renegados no Magrebe ou na Virgínia, ao islamizarem-se ou indianizarem-se. À semelhança dos rivais espanhóis que eles detestam, e tão inescrupulosos quanto eles, os ingleses empenham-se em enaltecer a guerra justa contra o índio e a Guerra Santa contra o Islã.

E, contudo, os índios não são, em absoluto, mouros. Enquanto o índio da América se deixa reduzir e exterminar, o barbaresco ou o turco, por sua vez, vão criar sérios problemas – e, ainda durante um tempo bastante longo – aos ingleses. Será que a Nova Inglaterra está destinada a transformar-se na Palestina da grande ilha? À medida que Londres começa a suplantar Sevilha e Lisboa, a América do Norte vai ganhando aparências de terra prometida, reservada a um povo eleito. Um povo escolhido por Deus para "edificar Jerusalém na Virgínia" (MATAR, 1999, p. 133). A esperança escatológica, inaugurada no México e elevada ao ápice no Peru, ressurge na esteira dos colonos ingleses, mas, desta vez, excluindo os índios em seu corpo e alma, em vez de configurarem seu coração. No triângulo Europa/América/Islã, o polo América esvazia-se, daí em diante, de sua população autóctone: os índios tornam-se "mouros" a serem subjugados para conquistar essa terra prometida na qual os puritanos erigem sua cidade de Salém. Os papéis parecem intercambiáveis: os índios são os mouros, e os mouros, índios. Por sua vez, a partir de suas relações com as populações índias do noroeste da América, os ingleses hão de aprimorar um discurso de colonizadores que deverão aplicar mais tarde, no século XVIII, aos Estados muçulmanos. Passa-se de uma colonização para outra. A experiência predatória adquirida na América havia de augurar sucessos futuros contra o Oriente muçulmano; os britânicos vão servir-se dela para assestar sua cobiça relativamente ao Magrebe, propondo novas formas de colonização que serão sistematicamente implementadas no Século das Luzes.[149]

Eis que, uma vez mais, volta a formar-se, sob o nosso olhar, o "triângulo da Renascença", que promove uma indefectível associação entre as terras do Islã e a América, por um lado, e, por outro, uma Europa cristã e conquistadora, católica ou protestante. Um triângulo que, talvez, seja motivo de surpresa nos dias de hoje, pelo fato de contrariar nossa visão tacanha do passado. Todavia, como compreender as curiosidades tanto de Heinrich Martin quanto de seu homólogo de Istambul, sem situá-las em uma moldura mais ampla que transcenda o mundo ibérico, assim como o mundo turco? Ou seja, em um quadro global que se imponha por sua evidência. Ao atravessarem o oceano, os espanhóis e os portugueses não esqueceram que, durante vários séculos, sua relação com o outro se tinha construído a partir do confronto com o Islã – mas também, por seu intermédio – a golpes de espada e intercâmbios de toda espécie. Até mesmo para um grande número de pessoas, a experiência vivenciada – mais significativa que todas as lembranças – acabava por aproximar o litoral da Berbéria ao da América. Um soldado, tal como Miguel de Cervantes, que havia experimentado a escravidão e o Islã nos trabalhos forçados da Argélia, não tentou emigrar para além-Atlântico? Impediram-lhe que fizesse tal viagem; mas, além dele, quantos não teriam transitado do litoral barbaresco para as regiões litorâneas de Vera Cruz ou de Cartagena das Índias? E os ibéricos não eram, de modo algum, os únicos a fazer tal experiência, que, afinal de contas, estava ao alcance também de ingleses, italianos, holandeses e franceses. Durante todo o século XVI, múltiplos vínculos – físicos e de

---

[149] Somos levados a pensar em Daniel Defoe e em seu *Plan of the English Commerce*. Ver Matar (1999, p. 170-172).

natureza emocional, reais ou virtuais – foram sendo tecidos entre territórios do Islã e diferentes regiões da América.

América/Islã/Europa: nesse triângulo, o ponto de vista muçulmano ainda vai escapar-nos, na maior parte do tempo. Qual seria a ideia que os escravos muçulmanos, naufragados no Caribe, faziam das populações indígenas, forjando, por sua vez, outras relações mais secretas entre a América, a África islâmica e o Mediterrâneo? Ficamos pensando, igualmente, naquelas naus barbarescas que pirateavam o Atlântico à cata das riquezas oriundas das Índias; ainda em pleno século XVII, o jesuíta António Vieira manifesta receio diante desses ataques que põem em perigo as relações do Brasil com o resto do mundo. Quanto aos turcos de Istambul, eles não se mantinham indiferentes a tais desafios planetários. A maneira desagradável como *moros* e índios se interpenetram no olhar dos europeus não significa, como já vimos, que o Anônimo de Istambul tivesse sido mais sensível ao destino das populações ameríndias. Observados a partir das margens do Bósforo, os índios canibais e idólatras não possuem, de modo algum, mais valor que os cristãos; por sua vez, estes nada são além de infiéis. Os pontos de vista de ambos cruzam-se, sobrepõem-se, coincidem ou se opõem nos espaços oceânicos e planetários, cobiçados tanto por cristãos quanto por muçulmanos. América/Europa/Islã – ou, se preferirmos, Novo Mundo/Cristandade Latina/Islã da África ou da Ásia. Eis o que é suficiente para pensar o mundo e seu destino, a partir dessa face do globo.

CAPÍTULO 9

Pensar o mundo

Quando [o gram soltão Badur] de noite queria yr a Portugal a ao Brasil, e á Turquia, e á Arabia, e á Persia, não fazia mais que comer um pouco de bangue.
Garcia da Orta, Colóquio dos simples,
"Colóquio Octavo", 1563

Que horas são... lá, no outro lado? Por que interessar-se por terras e entes que vivem a milhares de quilômetros de nós? Independentemente de ser turco ou americano, seu olhar em relação a terras longínquas apareceu-nos sobretudo como um ponto de vista, ao mesmo tempo dominador e atormentado, tão inquieto com o destino dos outros, além de inquietante em seus compromissos e suas expectativas. Mas esse olhar obedece igualmente a uma preocupação menos explícita que, no entanto, não deixa de ser fundamental: o cuidado de conferir coerência e insuflar sentido a uma representação do mundo[150] transformada pelos descobrimentos ibéricos. Eis o que é válido tanto para uma cristandade latina abalada em seus alicerces intelectuais e em suas referências religiosas quanto para um Império Otomano desnorteado com os avanços planetários dos espanhóis e dos portugueses. Desde os primórdios do século XVI, em diversas regiões da monarquia católica, certo número de geógrafos, missionários, funcionários

---

[150] No sentido da *Weltbild* heideggeriana; ver Heidegger (2006, p. 116).

da coroa, membros das elites locais, de origem europeia ou não, e, às vezes, aventureiros, havia tomado consciência de que eles se moviam em meio a uma realidade nova, fluida, extensível, que se alargava progressivamente a todo o globo terrestre. E alguns tentaram até repensar essa globalidade sem precedentes: na Europa, assim como fora desse continente, eles procuraram definir e situar o espaço em que viviam, ou que despertava seu interesse, no interior dessa globalidade.

Uma nova imagem do mundo

Vários caminhos abrem-se, então, à sua frente. Do lado europeu, o mais sensato consiste em privilegiar um ponto de vista pacífico e eurocentrado, à maneira do *Theatrum Orbis Terrarum*: a bela e arrogante Europa que adorna o frontispício do atlas de Ortelius reina sobre um planeta sem conflitos aparentes. Cosmográfica, geográfica e cartográfica, essa via antuerpiana prepara a chegada de uma modernidade triunfante: a de uma Europa setentrional e atlântica. Entre catolicismo e protestantismo, da forma mais científica possível no século XVI, ela respira a reconfortante familiaridade que ainda a torna tão próxima de nós. Mas outras interpretações disputam, então, na Europa, o direito de impor sua imagem do mundo. Do lado católico, as *Relações universais*, de Giovanni Botero − piemontês, discípulo dos jesuítas −, fundamentam-se em uma imensa coletânea de informações das quais resulta uma visão do mundo impregnada intensamente pelo impulso conquistador da Contrarreforma.[151] Para esse ardente defensor do catolicismo, um dos pensadores mais lúcidos do seu tempo, os ibéricos tinham salvado o planeta: sem as conquistas dos portugueses e dos castelhanos, os muçulmanos "teriam sido, daí em diante, os senhores do mundo".[152] Botero, inquieto com o pequeno número de cristãos no globo, não fica indiferente ao poderio político e militar dos otomanos, braço armado do Islã, como a Espanha o é da cristandade

---

[151] Publicadas em 1591, as *Relações universais,* que tiveram múltiplas edições e traduções, propagaram-se em terras católicas e também em terras protestantes.

[152] Botero, 1599, Prima parte, p. 270; e o estudo de Benzoni, 2006, p. 333.

romana.[153] Essa constatação, acompanhada por certa admiração, não o impede de lançar um novo apelo à cruzada nem de imaginar uma contraofensiva linguística, baseada no uso sistemático do árabe, que serviria para denunciar os erros do Islã e para converter as práticas maometanas em objeto de escárnio.

Ainda do lado católico, mas muito menos ortodoxa, a *Monarquia da Espanha*, do dominicano Tommaso Campanella, apresenta uma interpretação messiânico-milenarista do destino da coroa espanhola. "É claro" – escreve Campanella – "que o vencedor do Império Turco será o senhor do mundo": aliás, essa não é precisamente a aspiração do turco? "Ele pretende ser chamado soberano universal como o rei da Espanha exige o qualificativo de católico, isto é, universal; desse modo, ambos disputam o domínio do universo" (CAMPANELLA, 1997, p. 27, 206, 321). Tommaso Campanella indica, fora da Europa, dois grandes espaços que, em seu entender, são essenciais (p. 317)[154]: o Império Otomano, que constitui objeto de uma atenção bem particular, e "o outro hemisfério, isto é, o Novo Mundo" (p. 339), aquele que é possuído "justamente" pela Espanha e se encontra sob sua dominação. Aliás, é na América que a volta do mundo preconizado por Campanella chega a seu termo.

Do lado protestante, a *História do mundo*, do inglês Walter Raleigh, transforma também a oposição entre o cristianismo e o Islã no motor essencial do devir histórico.[155] Deste modo, Raleigh lançava as bases do colonialismo inglês, Botero lutava em favor de um catolicismo planetário, e Campanella alicerçava o imperialismo ibérico nas profecias da Sagrada Escritura; todos esses europeus, e muitos outros com eles, mobilizam instrumentos, interpretações e crenças para responder aos desafios de um mundo em expansão e para colocar em evidência a América.

---

[153] Na quinta e última parte de *Relações universais*.

[154] Se a África é rapidamente descartada e se há interesse pela Pérsia como potencial aliado contra os turcos, o Catai é deixado de lado "[...] uma vez que não se encontra na rota da navegação da Espanha" (CAMPANELLA, 1997, p. 317). Ver Malcolm (2007).

[155] *"Ralegh's importance is that he employed a secular and critical approach to a study of world history which was in a very large part a study of Biblical history; and that he did it in English in a work which was a bestseller"* (*in* HILL, 1997, p. 168).

Real ou virtual?

De que modo essas preocupações e configurações da Renascença tardia nos dizem respeito? Um grande número de autores vislumbra, então, o destino do globo e da América com base em uma visão esquemática do mundo — enviesada, mas eficaz — que opõe a Cristandade Latina ao Império Otomano e ao Islã: tal esquema maniqueísta não deixou de condicionar, sob outras formas, nosso imaginário, na medida em que é infatigavelmente retomado pela imprensa, pelo cinema, pela televisão e pela internet. À semelhança do que ocorria no século XVI, ambos os campos estão empenhados em acusar o outro por sua perversidade (BEEMAN, 2008).

No século XVI, o outro é, com frequência, um intruso detestado, seja ele o invasor cristão na Andaluzia ou o comerciante muçulmano no Oceano Índico (TOMAZ; SANTOS ALVES, 1991, p. 138). O antagonismo *moros/cristianos,* tão cedo implantado em solo americano e enxertado na mente dos índios, é apenas uma das múltiplas versões desse esquema dualista. Na capital do México, em Istambul ou em Nápoles, o Império Otomano passa por desempenhar papel crucial no tabuleiro de xadrez mundial. Vista da capital mexicana ou de Nápoles, a ameaça é turca e islâmica, como se o Islã assediasse, por toda parte, os horizontes católicos, enquanto, em Istambul, o Anônimo e seus amigos tentam levar os estrategistas da Sublime Porta a compartilhar a ideia oposta. Em todos esses lugares, o futuro do globo é concebido como um enfrentamento sem piedade entre a Monarquia Ibérica e o Império Otomano, ou entre as religiões defendidas por uma e pelo outro: "As armas" — escreve Campanella — "nada podem contra a religião: contra ela só vale outra religião que seja melhor, mesmo que não tenha armas, ou que seja pior, mas agrade ao povo, ou que suas armas sejam superiores" (CAMPANELLA, 1997, p. 47).

Discurso e obsessão coexistem com uma apreciação mais pragmática e mais lúcida da relação de forças no planeta. Mas, afinal, o que se passa no terreno diplomático e militar? O duelo Cristandade-Islã não impede que o rei da França faça um pacto com os turcos, que ingleses e espanhóis fiquem de bem com a Pérsia, que os portugueses promovam negócios com o Grão-Mogol e que todos enalteçam a potência colossal da China.[156] Como se a rejeição do Islã ou a do Ocidente cristão viessem a sobrepor-se constantemente a uma geopolítica infinitamente mais complexa.

A vitória de Lepanto constituiu motivo de demonstrações de alegria na parte cristã do planeta, mas teve um inconveniente para a Espanha, até mesmo pondo termo aos grandes confrontos mediterrânicos contra os turcos (MILHOU, 1994-1995, p. 193-239). Para além das ambições planetárias despertadas por um período de globalização, os soberanos "universais", seja o sultão, seja o rei da Espanha, conhecem os limites de suas forças.[157] Ao apaziguar as veleidades da cruzada, essa vitória permitiu a Filipe II enfrentar outros adversários muito mais próximos e mais invasores: a Inglaterra da odiosa Elizabeth, os holandeses das províncias rebeldes, assim como a França coriácea dos huguenotes. Os paladinos da cruzada sabem perfeitamente que a arena europeia continua sendo primordial; o próprio Giovanni Botero torna-se o defensor ardoroso de um planeta católico e romano que, aparentemente, está mais interessado em espiar os rivais protestantes que os infiéis. A catolização do mundo deve enfrentar os empreendimentos, aliás, bem mais perigosos, dos ingleses e dos holandeses, pouco preocupados com as almas e a salvação dos povos a colonizar.

A mesma situação é vivenciada no campo protestante. Sem dissimular que a Espanha é a maior potência que a Europa tinha visto surgir depois da queda do Império Romano, Raleigh espera confiantemente que a Inglaterra, a França e a Holanda venham a encontrar os meios de vencê-la (HILL, 1997, p. 144; RALEIGH, t. VI, 1820, p. 369). Refugiado na França, Campanella vira a casaca e muda de campo: depois de haver exaltado o novo Ciro espanhol e denunciado o perigo turco, ele vai apostar na vitória da monarquia francesa contra a monarquia espanhola, vaticinando um grande

---

[156] Sobre "a obsessão turca" apreendida, em um período de longa duração, tanto no imaginário quanto no quotidiano, ver Ricci (2002).

[157] As imprecações de Zain al-Din Ma'bari, que pregava o *djihad* no Oceano Índico, não correspondem, de modo algum, à realidade das relações entre portugueses e muçulmanos; ver Subrahmanyam (1995, p. 194).

reinado ao futuro Luís XIV. No alvorecer do século XVII, o momento deixou de ser propício ao enfrentamento hispano-turco. Em vez da última cruzada, urde-se a Guerra dos Trinta Anos (1618-1648), que está prestes a devastar o continente europeu; trata-se das rivalidades planetárias entre as potências europeias que vão ensanguentar os campos de batalha e os mares, do Brasil até Angola, do Oceano Índico até as regiões litorâneas do México. Sem ter desaparecido, a ameaça turca concentrar-se-á na Europa Central – o segundo cerco a Viena ocorre em 1683; em outros lugares, ela permanecerá uma virtualidade, assinalada e denunciada regularmente por textos nostálgicos que continuam a exortar à cruzada contra o Islã.

Resta, portanto, a cena virtual – nada desprezível – em que se enfrentam duas concepções do mundo: o Islã serve para construir uma visão dinâmica do planeta, elaborada a partir da América Espanhola, da Ásia Portuguesa e da Europa Ocidental; ele serve tanto para valorizar as virtudes do cristianismo, quanto para fazer ressaltar as lacunas de uma cristandade que teria interesse em levar mais a sério a ameaça otomana, a fim de superar suas fraturas e se unir contra a "seita ímpia". O Islã das *Relazioni universali* (G. Botero) será algo diferente? E o Novo Mundo, nesse contexto? Para Botero, a descoberta do "outro hemisfério" havia despertado o encantamento do mundo, mas é a cristianização da América que está em via de assinalar uma etapa importante em direção à unificação religiosa dos povos da terra, uma vez que ela fornece um modelo exemplar de ocidentalização; nesse aspecto, o Novo Mundo representa o inverso dos mundos do Islã.

Em qualquer configuração, a América – fina flor excepcional do império espanhol – é uma peça de suma importância para os observadores: trata-se de uma terra a conquistar tanto para Sir Walter Raleigh (HILL, 1997, p. 143; RALEIGH, 1820, t. II, p. 91-92) quanto para o Anônimo de Istambul; por sua vez, para Heinrich Martin e Campanella, é um baluarte a fortalecer. E já, para alguns, uma terra prometida ou um continente-refúgio. De acordo com Campanella, se o turco levar a melhor, o império e o corpo eclesiástico passarão para o Novo Mundo, e a Europa ficará em ruínas. É interessante encontrar, em seus escritos, e um quarto de século mais tarde, as ideias do dominicano Francisco de la Cruz, que tinha defendido, até ser consumido pelas chamas da fogueira, a tese da transferência da liderança ocidental para além-Atlântico. As terras do Islã e a América são dois poderosos reservatórios do imaginário em um mundo em via de globalização: dois reservatórios que não deixam de se referir um ao outro, em particular, para os cristãos e, às vezes, de maneira absolutamente radical.

A consciência-mundo que emerge no século XVI tem tudo a ver com a propagação da fé e da religião, e não apenas pelo fato de que os papas do século XV haviam desempenhado antecipadamente a função de notários da globalização ibérica. Em Istambul, em Lima ou na Cidade do México, a preocupação religiosa é incontestavelmente uma das molas propulsoras da apreensão do mundo: a queda aguardada do Império Otomano, a desforra esperada do Islã na América ou a destruição do Velho Mundo pelos turcos são expressões simétricas e antitéticas de um monoteísmo dotado de ambições planetárias, ávido de conquistas e sedento de conversões. Na época, e ainda hoje, as religiões do Livro ofereciam um quadro de explicação e perspectivas universalistas cuja eficácia não poderia ser minimizada em tempos de globalização. O sentimento de filiação a uma humanidade comum, a partilha de uma história plurimilenar, inaugurada pela Criação, favorecem o surgimento de modos de interpretar que levam a pensar o mundo sob o viés de uma universalidade infalivelmente redutora. Um mundo cujo desfecho é o mesmo: "O fim do mundo está próximo e haverá apenas um só rebanho [*unum ovile*]. Então virá o Cristo para o juízo e será o fim [*et sic finis*]" (CAMPANELLA, 1997, p. 53, 35).

Os mistérios do futuro

Real ou virtual, no século XVI, a luta entre cristianismo e Islã lê-se nos astros e nas profecias. A ideia de que a astrologia possa ajudar-nos a entender o mundo, faz-nos hoje sorrir, mas ela fascinava os homens e as mulheres da Renascença, sem qualquer distinção, católicos e protestantes, cristãos e muçulmanos, mexicanos e chineses. Em sua obra, *A essência da história,* o grande historiador turco Mustafa Ali, nativo de Gallipoli, não se priva de evocar as consequências nefastas do grande cometa de 1577 para o Império

Otomano.[158] É que, nessa época, a herança dos conhecimentos da Antiguidade oriental, grega e romana, brilhantemente sintetizada no *Tetrabiblos*, de Cláudio Ptolomeu, pai da astrologia judiciária, constitui um patrimônio euromediterrâneo que transcende as fronteiras confessionais. A astrologia era, então, uma "ciência" reconhecida como tal e capaz de se renovar regularmente; ainda bem raros são os que se atreviam a negar qualquer valor às predições astrológicas. É necessário ostentar o nome de Giordano Bruno para ter a ousadia de atacar a astrologia, pulverizar seus fundamentos aristotélicos e proclamar a infinitude do mundo; mas ele será condenado à fogueira. Roma acabará, contudo, por colocar em ordem as mentes e a profissão: ao condenar a astrologia judiciária, a bula de 5 de janeiro de 1586 dita uma apreciável mudança na atitude da Igreja. Mas a nova linha pós-tridentina tem dificuldade para se impor à cristandade e não impede que um Heinrich Martin venha a interessar-se pelas consequências políticas das conjunções planetárias, assim como a publicar suas reflexões com o aval das autoridades coloniais; e, de modo semelhante, a alguns milhares de quilômetros, nas masmorras da Inquisição, não consegue evitar que Tommaso Campanella se mostre tão preocupado, quanto o nosso alemão, com o impacto da "grande conjunção" de Júpiter e Saturno no signo de fogo de Sagitário, no dia 24 de dezembro de 1603.[159] Trata-se do mesmo firmamento e da mesma fonte. Alguns anos antes de Heinrich Martin, Campanella procede à análise das predições do astrólogo Antonio Torquato: à semelhança do que ocorre com um grande número de europeus, ambos sabem que, em seu *De eversione Europæ prognosticon* (1480), o médico de Ferrara anunciava a conversão dos turcos (CAMPANELLA, 1997, p. 27 e nota 42); tanto em Nápoles quanto na capital mexicana, existia a convicção de que "o império da Lua" – o império turco – estava votado a desmantelar-se.

A astrologia introduz um cortejo de profecias e de predições, inseridas frequentemente em textos sagrados. Presente em segundo

---

[158] Ver Surahmanyam, 2005b, p. 32; na outra extremidade da Ásia, a corte imperial chinesa manterá a expectativa de que os conhecimentos científicos dos jesuítas venham a fornecer-lhe fundamentos mais sólidos para as predições astrológicas que garantem a supremacia do imperador.

[159] HM, p. 215; Campanella redige nessa ocasião o *Pronostico astrologico*, que viria a ser o último capítulo dos *"articuli prophetales"* (2003, p. 11).

plano em Martin, analisado a fundo por Campanella, o filão escatológico não se limita a fornecer respostas aos desafios suscitados, então, pelos primórdios da unificação do globo. Sua simples existência coloca em destaque os vínculos que unem imaginários cristãos e muçulmanos, muitas vezes, por intermédio de grupos judeus que transitavam entre os dois mundos. Essa trama comum subentende toda a espécie de reações afetivas e de construções intelectuais. Por toda a parte, messianismos e milenaristas, apoiados em especulações astrológicas e alimentados pelas grandes reviravoltas do século XVI, constituem um patrimônio coletivo que equipara as maneiras de pensar, esperar e temer. As profecias circulam de uma sociedade para a outra: independentemente da alteração de seu sentido ou de sua direção, elas estão sempre disponíveis para serem usadas, isto é, para novas exegeses. Para além das clivagens entre os povos e religiões – e apesar de tudo o que é veiculado por elas, segundo parece, de arcaico e irracional –, essas profecias participam também do surgimento de uma consciência-mundo. Não é mero acaso se um dos lugares privilegiados da publicação da literatura profética é Veneza: os prelos da Laguna contribuíram tanto para o conhecimento do globo quanto para a interpretação de seus fins últimos, combinando a observação mais atenta com as elucubrações mais desvairadas, sem que esse procedimento tivesse sido considerado pelos contemporâneos como uma contradição.

Apesar do triunfo da modernidade e da globalização, a astrologia e as profecias estão longe de desaparecer do nosso planeta. A dama é coriácea e não só por ser ainda a única capaz de revelar o futuro, mas também por dar a impressão de transcender os tempos e as culturas. A proliferação atual dos horóscopos, magos e adivinhos impede, em absoluto, de transformá-la em um saber extinto. O gosto pelo ocultismo, a onda mundial em favor do *Da Vinci Code* e de seus epígonos, a profusão de portais na internet confirmam a sobrevivência – para não dizer, a excelente vitalidade – desse tipo de saber em uma época de globalização acelerada; em uma pesquisa sobre a palavra *horoscopes*, Google indicava mais de 56 milhões de ocorrências, em abril de 2008.[160] Não há dúvida de que, atualmente,

---

[160] E, nessa mesma data, para a palavra *messiah* (messias), mais de 14 milhões de ocorrências.

Heinrich Martin, ou seu *alter ego*, haveria de encontrar facilmente editores e leitores para seu compêndio e para suas predições, com a condição de atenuar suas afirmações "incorretas" a respeito dos turcos; no entanto, a arrogância com que nosso alemão antecipa seus prognósticos e dramatiza suas especulações nada perdeu de seu atrativo. De qualquer modo, após a criação de sites na internet é que o número de leitores e adeptos das profecias de Nostradamus (4,5 milhões de ocorrências), ou de Joaquim de Fiore, aumentou consideravelmente; será ainda motivo de admiração o fato de encontrar na internet inumeráveis especulações sobre o futuro do mundo, o destino do Islã, o triunfo dos impérios ou o fim dos tempos?

Já vimos que é o milenarismo franciscano e dominicano que explora, com maior ênfase, a relação da América com o Islã. Diante do avanço dos turcos, flagelo de Deus e da Europa, o Novo Mundo apresenta-se como uma terra de refúgio, portadora de esperança para uma humanidade eleita e salvadora da herança cristã–europeia. O franciscano Motolinía, assim como o dominicano Francisco de la Cruz, cultivaram essa esperança; outros vão seguir suas pegadas no século XVII e, ainda na época do Século das Luzes, o *Orbe Novo Seráfico* do franciscano Jaboatão há de reativar essa corrente, ao glorificar o destino de um Brasil guiado pela ordem de São Francisco (ver LEÓN PINELO, 1943; JABOATÃO, 1761 e 1856-1862). A América está longe de ter deixado de ser uma terra de inocência perante um Velho Mundo em declínio; por sua vez, o Islã continua sendo considerado como um espantalho satânico. Ainda hoje, os messianismos e os milenarismos que se haviam cruzado no México e no Peru não abandonaram nosso mundo, como se o projeto de dominação universal tendesse a reavivar esse antigo legado; aliás, eles podem ser identificados tanto do lado do Islã quanto à roda da Casa Branca, na qual se fazem ouvir vozes que defendem Israel na esperança de reunir, um dia, todos os cristãos em uma Jerusalém expurgada de seus ocupantes muçulmanos. Nessa perspectiva, será surpreendente que a guerra contra o Iraque pudesse ter sido interpretada como a plena realização de uma das profecias do livro do Apocalipse e que o aquecimento planetário tenha sido transformado em um sinal incontestável e universal da aproximação do fim dos tempos? Em face de um catolicismo em apuros, Igrejas protestantes, correntes do Islã e seitas asiáticas alimentam um viveiro de crenças e expectativas escatológicas que adotam, com frequência, formas inquietantes; paradoxalmente, atrás da inocência da diversão e dos recordes de bilheteria, o "cinema de massa" tem contribuído grandemente para a difusão dessa herança. Não será verdade que os estúdios de Hollywood têm convertido em imagens essas obsessões que, regularmente, eles reativam de uma extremidade a outra do planeta? A série *A guerra nas estrelas,* assim como a trilogia *Matrix, Terminator I, II,* e *III,* impõem, à força de efeitos especiais, um cortejo de líderes messiânicos e de apocalipses em seu *dolby*. Os velhos esquemas são incansavelmente reciclados – "*reloaded*", para retomar a expressão de *Matrix* – antes de serem globalizados. Pensar o mundo é uma tarefa desmesurada, que tem alimentado, e continua alimentando, toda a espécie de fundamentalismos, pelo fato de que o desafio é realmente gigantesco. A caça à Besta – convite que Heinrich Martin já nos havia dirigido – está aberta há muito tempo (GRUZINSKI, 2006).

Uma concepção a respeito do mundo

Os escritos de Martin e do Anônimo de Istambul não nos alertam apenas em relação aos sólidos vínculos estabelecidos pelas grandes religiões monoteístas e por inúmeras correntes esotéricas com nosso modo de ver ou de entrever o mundo. Ao abarcar conjuntamente as diferentes partes do planeta, eles expõem – cada um à sua maneira – a diversidade das sociedades e das regiões do globo, bem como os laços que, daí em diante, mantêm a unidade entre elas. Os europeus e, com eles, um grande número de outros povos, descobrem que, seja para o bem, seja para o mal, se torna difícil prescindirem uns dos outros (SLOTERDIJK, 2004, p. 854). Os dois textos – objeto de análise desta obra – inscrevem-se em uma trajetória comum, construída por sociedades originárias da Antiguidade, do cristianismo e do Islã. Trata-se de um longo período em que essas sociedades se revezaram no conhecimento e no alargamento de seu controle sobre os espaços que as rodeavam. Se, a partir do século XIII, os europeus do Ocidente haviam tentado a primeira expedição para desvendar os mistérios do mundo, batendo à porta da Ásia dos mongóis, eles já haviam sido precedidos, vários séculos antes, pelos historiadores e geógrafos árabes nessa descoberta do globo (*Voyageurs arabes...*, 2005). No século XV, graças aos descobrimentos portugueses e castelhanos, os saberes dos cristãos receberam formidável impulso, decuplicado pela recuperação tardia da herança da geografia antiga. Poder e desejo de saber aparecem, então, associados inextricavelmente: se a Espanha havia sido incumbida de uma missão universal – explica Campanella – é porque ela tinha experimentado o desejo de conhecer o mundo, *perché desiderò di conoscerlo*. "Conhecer o mundo é já possuí-lo pela metade [...]. Colombo sentiu o desejo de conhecer o mundo que é o filho de Deus" (CAMPANELLA, 1997, p. 361).

Durante o século XVI, cartógrafos e cosmógrafos elaboraram instrumentos cada vez mais precisos e mais bem documentados. Desde então, grande quantidade de informações orais, manuscritas, impressas e cartografadas difundem-se pela Europa, pela América e pelo resto do planeta. O mundo otomano não permanece fora desse movimento, embora parecesse mais voltado para as regiões do Mediterrâneo e da Ásia sob seu controle. Seria impossível conceber o pensamento global sem esse trabalho cosmográfico, geográfico e protoetnográfico; é óbvio que nem tudo foi imediatamente aprofundado e assimilado. Como conseguir a organização dessa quantidade de informação que não cessava de avolumar-se, como demonstram os mapas que eram corrigidos, completados e, até mesmo, adaptados, ano após ano? Não estará aí o obstáculo que também enfrentamos, dia após dia, diante de nossa incapacidade para ordenar o fluxo inesgotável de dados sobre o mundo? Resta a amplidão de horizontes de Heinrich Martin ou do Anônimo de Istambul: em ambos, transluzia a convicção intelectual e espiritual de que se tornara impossível ignorar o resto do mundo. O olhar de um e do outro sobrevoava os espaços do globo com a preocupação de rechaçar para o mais longe possível a linha do horizonte. Heinrich Martin vangloria-se pelo fato de prever eclipses em lugares que nunca haviam registrado a presença humana, em regiões talvez inabitadas ou, até mesmo, inabitáveis; por sua vez, o Anônimo de

Istambul empenha-se em descrever, nas páginas de sua obra, terras que nunca haviam sido visitadas por nenhum muçulmano. Em ambos os casos, pressente-se a emergência hesitante e caótica de uma concepção global do mundo que procura exprimir-se por meio de construções intelectuais com perfil sempre singular.

No final desta obra, gostaríamos de aproximar, ainda mais, esses diferentes testemunhos. Ao levar em consideração sua contemporaneidade e ao ponderar suas complementaridades e dissonâncias é que foi possível chegar a uma leitura conjunta do mundo, que não seja sistematicamente europeia nem exclusivamente cristã. Para além das ideias preconcebidas, religiosas ou políticas, próprias de qualquer texto, a busca comum de uma visão global torna suas vozes extraordinariamente próximas de nosso século XXI. O historiador tirará daí o encorajamento para vislumbrar o que poderia ser uma história desimpedida de seus tropismos ancestrais e de uma visão nacionalista. Tanto Martin quanto o Anônimo de Istambul não pensavam no interior de quadros nacionais em que acabamos sendo confinados pela modernidade; nenhum deles havia sido obrigado a desfazer-se de modos de abordar o passado e o espaço, implementados no século XIX, que, atualmente, se tornaram inadequados, para não dizer, obsoletos, em face das reviravoltas que afetam nosso planeta. Mais crucial ainda, na Cidade do México ou em Istambul, o global não podia confundir-se com o europeu nem com o Atlântico. Não existe Europa sem Islã, nem América... Essa talvez seja uma das lições a conservar desses textos que dialogam constantemente com o Velho Mundo sem ceder ao eurocentrismo.

CONCLUSÃO

Que horas são... lá, no outro lado?

"Que horas são... lá, no outro lado?" Não será também – e, talvez, antes de mais nada – uma questão pessoal, uma dessas dúvidas íntimas sem a qual deixaríamos de ter gosto para revolver tantos arquivos e tanta poeira?

O Anônimo e Martin gastaram muito mais energia em perscrutar outros mundos do que seria necessário para escrever as folhas de seus manuscritos. Nosso intuito consistiria em sermos capazes de esquadrinhar o que dissimulam esses dois empreendimentos intelectuais. O que representava a América no imaginário do Anônimo ou de Martin? Para eles, qual teria sido o alcance da influência da Europa? A dificuldade de encontrar respostas é tanto mais difícil na medida em que nossos dois personagens se apresentam constantemente com a face encoberta. O que, no fundo, evocará para Heinrich sua cidade natal, uma Hamburgo herética e glacial, lugar de seu nascimento e ao qual havia retornado no final da adolescência, tendo visitado seus templos luteranos? Que significa para ele a Espanha católica, cuja imensa sombra paira sobre o *Repertório*? Se juntarmos a Cidade do México e a Nova Espanha à bagagem de nosso alemão, teremos aí, no mínimo, três mundos coexistindo no âmago de sua consciência. Estranhas acusações levantaram-se contra ele no entardecer de sua vida mexicana. Chuvas torrenciais se haviam abatido sobre a região, e Heinrich temia que a enxurrada viesse a desmoronar o colossal túnel que ele havia mandado abrir para drenar o vale da capital mexicana: ele teria preferido assistir – segundo consta – ao desaparecimento da cidade sob as águas como se, antes de finar-se, nosso doutor Fausto tivesse acertado suas contas com o "coração da Nova Espanha". A cidade permanecerá inundada durante vários anos! Quanto ao Anônimo de Istambul, qual teria sido seu jogo ao ocultar sua identidade e, ao mesmo tempo, pretender obstinadamente elaborar uma obra de pioneiro? Por que essa obsessão pelo Novo Mundo e essa nostalgia pela Andaluzia? E por que essa opacidade, amplificada por nossas lacunas pessoais, acerca do mundo turco e muçulmano?

Os textos analisados nesta obra limitam-se a descobrir a parte visível do *iceberg* pelo fato de que nossos autores tiveram de esquivar-se de uma censura que ameaçava seriamente sua vida. A porosidade que, não obstante, transparece entre Sevilha e Hamburgo, entre o Império Otomano e o mundo cristão, como também entre o México espanhol e as sociedades indígenas, deixa adivinhar a força dos vínculos secretos que atravessam as fronteiras políticas e religiosas. Desde o século XVI, à semelhança de Heinrich Martin ou de Miguel Cervantes, milhares de indivíduos transitaram de um mundo para o outro, voluntariamente ou não, atravessando o Mediterrâneo, o Atlântico, o Pacífico ou o Oceano Índico. Todos tiveram de suportar os artefatos da modernidade que se tornou a nossa e que, por toda parte, revela seu substrato construído a partir de compromissos e mestiçagens incessantemente recomeçados (BENNASSAR, 1989).

Durante muito tempo, as sociedades desconfiaram dessas mobilidades. Os espanhóis da América que regressavam à Península permaneciam *indianos* e jamais voltavam a ser europeus. As autoridades nipônicas interditaram a permanência de japoneses e mestiços cristãos que se haviam instalado fora do arquipélago. Os judeus da Espanha que se tinham refugiado no Império Otomano, assim como os renegados, não tinham interesse em voltar a pôr os pés na Península Ibérica. Todos tinham aprendido a viver entre vários mundos. Entre o desenraizamento absoluto e os etnocentrismos sobressalentes, havia lugar para múltiplas adaptações declaradas ou, quase sempre, encobertas. Terá sido um acaso se Miguel Cervantes – o escritor mais "vivo" da Renascença, atualmente – passou cinco anos em Argel, no coração dessa Babel africana, e não cessou de escrever sobre os mundos muçulmanos como se, um pouco à sua maneira, tivesse feito parte deles?[161]

A passagem de um mundo para o outro, tanto na ida como na volta, era algo de penoso e uma iniciação em todos os sentidos do termo; aliás, o mesmo continua ocorrendo nos dias de hoje, mesmo que disponhamos de uma quantidade de recursos para reduzir a distância e o tempo. Paradoxalmente, essa vantagem técnica reforça ainda o contraste que experimentamos entre um vertiginoso sentimento de proximidade e uma impressão irreprimível de confinamento e de fragmentação. Eis o que é analisado meticulosamente por uma obra cinematográfica, dotada de tons premonitórios: *Babel*, de Alejandro González Iñárritu. Do deserto marroquino às estradas poeirentas do México e dos EUA, passando pelo Japão das metrópoles pós-modernas, a câmara de González Iñárritu desvela a trama invisível que une os humanos, independentemente do lugar em que eles se encontram no planeta. Essa película realiza hoje a proeza que havia sido objeto da chacota do cônego de *Don Quijote,* uma "comédia" que haveria de desenrolar-se alternadamente na Europa, na Ásia, na África e na América, "em todas as quatro partes do mundo" (CERVANTES SAAVEDRA, 1991, p. 552). *Babel* representa a singularidade de cada lugar para conseguir a unidade perfeita do todo, como se as mestiçagens contemporâneas devessem nos preparar para deslizarmos ou ziguezaguearmos de um mundo para o outro, sem nos limitarmos a misturá-los. Eis o que o herói taiwanês de *"Que horas são... lá, no outro lado?"* tenta fazer quando se esforça por alcançar um universo no qual ele nunca havia penetrado; eis o que Alejandro González Iñárritu realizou ao filmar o Japão e o Marrocos com um talento semelhante ao que ele havia demonstrado em sua filmagem do México. É possível pertencer a vários mundos e a vários tempos, sem tentar reduzi-los ou uniformizá-los: não será essa a única maneira de tornar familiar a globalidade que nos cerca e nos invade?

---

[161] Sobre Cervantes e os turcos, ver Hegyi, 1992.

SIGLAS

AGI: Archivo General de Indias (Sevilha)

AGN: Archivo General de la Nación (México)

BAE: Biblioteca de Autores Españoles

CSIC: Centro Superior de Investigaciones Científicas (Madri)

CONACULTA: Consejo Nacional para las Artes (México)

FCE: Fondo de Cultura Económica

UNAM: Universidad Nacional Autónoma de México

REFERÊNCIAS

ABBOUD, Soha. Apocalipsis, resurrección y Juicio Final en la cultura islámica. In: RUCQUOI, Adeline *et al. En pos del tercer milenio. Apocalíptica, mesianismo, milenarismo e historia*. Salamanca: Ediciones Universidad, 2000. p. 43-77.

ABRIL CASTELLÓ, Vidal. *Francisco de la Cruz, Inquisición, Actas I & II*. Madri: CSIC, 1992-1996.

ACOSTA, José. De procuranda indorum salute [1576]. In: *Obras del padre José de Acosta*. Madri: Atlas, BAE, 73, 1954; Madri: C.S.I.C, 1984/1987. (Ed. bilíngue, 2 tomos).

ACOSTA, José. *Historia natural y moral de las Indias*. O'GORMAN, Edmundo (Ed.). México: FCE, 1979.

ACOSTA, José. Parecer sobre la guerra de la China, México, 15 de marzo de 1587. *Obras completas*. Madri: BAE, 1954.

ALAM, Muzaffar; SUBRAHMANYAM, Sanjay. *Indo-Persan travellers in the age of discoveries 1400-1800*. Cambridge: Cambridge University Press, 2007.

ALAM, Muzaffar; SUBRAHMANYAM, Sanjay (Ed.). *The Mughal State, 1562-1750*. Delhi: Oxford University Press, 1998.

ALBA, Ramón. *Acerca de algunas particularidades de las comunidades de Castilla*. Madri: Editorial Nacional, 1975.

ALENCASTRO, Luiz Felipe de. *O Trato dos Viventes – Formação do Brasil no Atlântico Sul – Séculos XVI e XVII*. São Paulo: Companhia das Letras, 2000.

ALFARO, Alfonso. *Moros y cristianos. Una batalla cósmica*. México: Artes de México, Conaculta, 2001.

ARANDA, Antonio Garrido. *Moriscos e indios*. México: UNAM, 1980.

ARBEL, Benjamin. Maps of the world for Ottoman Princes? Further evidence and questions concerning "The Mappamondo of Hajji Ahmed". *Imago Mundi*, LIV, p. 19-29, 2002.

ARENAS, Pedro de. *Vocabulario manual de las lenguas castellana y mexicana*. (Heinrich Martin, 1611). Reimpressão, México, 1982.

ARQUIVO HISTORICO ULTRAMARINO. Lisboa.

ATKINSON, Geoffroy. *Les nouveaux horizons de la Renaissance française*. Paris: Droz, 1935.

AUBIN, Jean. *Le Latin et l'Astrolabe: Recherches sur le Portugal de la Renaissance, son expansion en Asie et les relations internationales*. Paris: Centre Culturel Calouste Gulbenkian. 2 v., 1996/2000.

BADURA, Jens (Ed.). *Mondialisierungen. "Globalisierung" in Lichte tranzdisziplinärer Reflexionen*. Bielefel: Transcript Verlag: 2006.

BALBUENA, Bernardo de. *La grandeza mexicana y compendio apologético en alabanza de la poesía* [1601]. Estudio preliminar de Luis Adolfo Domínguez (Ed.). México: Miguel Angel Porrúa, 1990.

BARRANÓN, Armando. Copernico en la física de Alonso de la Veracruz. *Razón y palavra*, ago./set. 2004. Disponível em: <http://razónypalavra.org.mx/>.

BARRIOS, Juan de. *Verdadera medicina, cirugía y astrologia en tres libros dividida*. México: Fernando Balli, 1607.

BARROS, João de. *Décadas da Ásia*. v. I, 1552; v. II, 1553; v. III, 1563; v. IV 1615.

BATAILLON, Marcel. *Erasmo y España, estudios sobre la historia espiritual del siglo XVI*. México: FCE, 1982.

BEEMAN, William O. *The "Great Satan" versus the "Mad Mullahs". How the United States and Iran demonize each other*. University of Chicago Press, Author, 2008.

BENNASSAR, Bartolomé; Lucile. *Les Chrétiens d'Allah. L'histoire extraordinaire des renégats, XVIe-XVIIe siècles*. Paris: Perrin, 1989.

BENZONI, Maria Matilde. *L'apertura del mondo, Pierre Martyr d'Anghiera et les réseaux d'information sur le Mexique, l'Amérique espagnole et le monde dans l'Italie du XVIe siècle*. Tese (Doutorado em História) – EHESS. Paris: 2006.

BERNAND, Carmen. *Un Inca platonicien, Garcilaso de la Vega*. Paris: Fayard, 2006.

BERNIS, Carmen. Modas moriscas en la sociedad cristiana española del siglo XV y principios del XVI. *Boletín de la Real Academia de la Historia*, CXLIV, 2, p. 199-228, 1959.

BIGALLI, Davide. *Millenarismo e America*. Milão: Cortina, 2000.

BINDING, Paul. *Imagined corners: Exploring the World's First Atlas*. Londres: Review Headlines Books, 2003.

BONELLI, Luigi. Del Muhît, o "Descrizione dei mari delle Indie" dell'Ammiraglio turco Sìdì Afi detto Kiâtib-i-Rûm. *Rendiconti della Reale Academia dei Lincei*, p. 751-777, 1894.

BORAH, Woodrow. *Silk raising in colonial Mexico*. Los Angeles: University of California Press, 1943.

BOTERO, Giovanni. *Della ragion di Stato e Delle cause della grandezza delle città (Venezia, 1598)*. Bolonha: Arnaldo Forni, 1990.

BOTERO, Giovanni. *Relationi universali*. Brescia, 1599.

BRAUDEL, Fernand. *La méditerranée et le monde méditerranéen à l'époque de Philippe II*. Paris: Armand Colin, 1990.

BROC, Numa. *La géographie de la Renaissance*. Paris: Comité des travaux scientifiques et historiques, 1986. Edição italiana: *La geografia del Rinascimento. Cosmografi, cartografi, viaggiatori (1420-1620)*. Modena: Edizioni Panini Franco Cosimo, 1996.

BROTTON, Jerry. *Trading territories. Mapping the Early Modern World*. Londres: Reaktion Books, 1997.

BRUMMETT, Palmira. *Ottoman Seapower and Levantine Diplomacy in the Age of Discovery*. Albany: Suny Press, 1994.

BUISSERET, David (Ed.). *Monarchs, ministers and maps, the emergency of cartography as a tool of government in early modern Europe*. Chicago e Londres: University of Chicago Press, 1992.

BULNES, Miguel Angel A de. El descubrimiento de América y la conquista del Norte de Africa, dos empresas paralelas en la Edad Moderna. *Revista de Indias*, XLV, p. 225-233, 1985.

BULNES, Miguel Angel A de. *La imagen de los musulmanes y del norte de Africa en la España de los siglos XVI y XVII: los carácteres de una hostilidade*. Madri: CSCI, 1989.

CAMPANELLA, Tommaso. *Cidade do Sol*. São Paulo: Editora Escala, 2007. (Col. Grandes Obras do Pensamento Universal, v. 93.)

CAMPANELLA, Tommaso. *Monarchie d'Espagne et monarchie de France*. Germana Ernst (Ed.). Paris: PUF, 1997.

CAMPANELLA, Tommaso. *Opusculi astrologici: Come evitare il fato astrale, apologetico, disputa sulle Bolle*. Germana Ernst (Ed.). Milão, 2003.

CAÑIZARES-ESGUERRA, Jorge. *Nature, Empire and Nation. Explorations of the History of Science in the Iberian World*. Stanford: Stanford University Press, 2006.

CANTIMORI, Delio. *Eretici italiani del Cinquecento e prospettive di storia ereticale italiana del Cinquecento*. PROSPERI, Adriano (Ed.). Turim: Einaudi, 2002.

CARDILLAC, Louis. Le problème morisque en Amérique. *Mélanges de la Casa de Velazquez*, XII, p. 283-306, 1976.

CARDILLAC, Louis. *Morisques et chrétiens. Un affrontement polémique (1492-1640)*. Paris: Klincksieck, 1977. Edição espanhola: *Moriscos y Cristianos, 1492-1640*. México: FCE, 1977.

CASALE, Giancarlo. A caliph, a canal, and twenty thousand cannibals: Global politics in the 1580s. Center for Religion and Civic Culture, University of Southern California. 17 Nov. 2005a. Disponível em: <http://www.usc.edu/schools/college/crcc/private/ierc/Caliph_Canal_Cannibals.pdf/>.

CASALE, Giancarlo. His majesty's servant Lufti: The career of a previously unknown sixteenth-century Ottoman envoy to Sumatra, based on an account of his travels from the Topkapi Palace archives in *Turcica*. *Revue d'études turques*, t. XXXVII, p. 43-81, 2005b.

CASALE, Giancarlo. *The Ottoman Age of exploration: Spices, maps and conquest in the sixteenth-century Indian Ocean*. Ph.D. thesis, History and Middle Eastern Studies, Harvard University, 2004.

CASAS, Bartolomé de las. *Apologética historia sumaria*. México: UNAM, 1967.

CASAS, Bartolomé de las. *Obras selectas*. Edição de Juan Pérez de Tudela Bueso y Emilio López Oto. Madri: Editorial Atlas, BAE (XCV-XCVI, CV-CVI y CX). 1957-1959.

CASTELLÓ, Vidal Abril. *Francisco de la Cruz, Inquisición, Actas I & II*. Madri: C.S.I.C., 1992-1996.

CERVANTES SAAVEDRA, Miguel de. *Don Quijote de la Mancha* In: *Obras completas,* t. II. México: Aguilar, 1991.

CIEZA DE LEÓN, Pedro. *Primera parte de la Cronica del Perú que trata de la demarcación de sus provincias, la descripción dellas, las fundaciones de las nuevas ciudadesz, los ritos y costumbres de los Indios, con otras cosas dignas de saberse*. Sevilha, 1553 [*Crónica del Perú*, BAE, t. 26, p. 349-458, Madrid, 1947]. Tradução italiana: *Chronica del grandissimo regno del Perú*, Roma, 1555.

CIRUELO, Pedro. *Apostelesmata astrologiæ Christianæ*. Alcalá de Henares, 1521.

CLAVIJO, Ruy González de. *Embajada a Tamerlán*. Francisco Lópes Estrada (Ed.). Madri: Editorial Castalia, 2004.

CLINE, Howard F. The Ortelius map of New Spain 1579 and related contemporary materials, 1560-1610. *Imago Mundi*, XVI, p. 98-115, 1961.

CORDANO, Federica. *La geografia degli antichi*. Bari: Laterza, 2006.

CORTÉS, Hernán. *Cartas y documentos*. Mario Hernández Sánchez-Barba (Ed.). México: Miguel Angel Porrúa, 1963.

COUTO, Diogo do. *Diogo do Couto e a década 8ª da Ásia (1564-1571)*, Maria Augusta Lima Cruz (Ed.). Comissão Nacional para as Comemorações dos Descobrimentos Portugueses. Lisboa: Imprensa Nacional, 1994.

COUTO, Diogo do. *O soldado prático*. Reis Brasil (Ed.). Mem Martins: Publicações Europa-América, 1988.

COX, Victoria. *Guaman Poma de Ayala entre los conceptos andino y europeo del tiempo*. Cuzco: Centro Bartolomé de las Casas, 2002.

D'AILLY, Pierre. *Imaog Mundi*, 1410.

DEFOE, Daniel. *Plan of the English commerce: Being a complete prospect of the trade of this nation, as well the home trade as the foreign*, 1728.

DELUMEAU, Jean. *La Civilisation de la Renaissance*. Paris: Arthaud, 1967.

DÍEZ, Fray Juan. *Sumario compendioso de las cuentas de plata y oro que en los reinos del Piru son necessarias a los mercaderes y todo genero de tratantes: Con algunas reglas tocantes al arithmética.* México, 1556. ["El *Sumario* de Diez Freyle: una experiencia histórica en la ciencia". Diez Freyle, Juan. *Sumario compendioso de las cuentas...* Ed. facs. Estudio histórico y pres. Marco Arturo Moreno Corral; análisis matemático César Guevara Bravo. México: UNAM-CIICH *et al.*, 2008, 99 [216] p., il. (*Bibliotheca Mexicana Historiae Scientiarum*, 1)].

DIOUF, Sylviane A. *Servants of Allah: Africans Muslims Enslaved in the Americas.* Nova York: New York University Press, 1998.

DODDS, Jerrilynn D.; GLICK, Thomas F.; MAN, Vivian B. (Ed.). *Convivencia: Jews, Muslims and Christians in Medieval Spain.* Nova York: G. Brasiller, 1992.

ECHAVE ORIO, Baltasar. *Discurso de la antigüedad de la lingua cántabra.* México: Heinrich Martin, 1607.

EISENSTEIN, Sergei M. *O sentido do filme.* Rio de Janeiro: Jorge Zahar, 1990 [*The Film Sense.* Harcourt Brace Jovanovich, 1942].

ELIAS DE SAN JUAN, Fray. *Compendio de las excelencias de la Bulla de la Santa Cruzada em lengua mexicana compuesto por el padre Fray Elias de San Juan* (texto em nahuatl). México: Heinrich Martin, 1599.

ESCALANTE, Bernardino de. *Discurso de la navegación que los Portugueses hazen a los reinos y provincias de Oriente, y de la noticia que se tiene del reino de China.* Sevilha: Viuda de Alonso Escrivano, 1577.

FERNÁNDEZ DE FIGUEROA, Martín. *Conquista de las Indias de Persia e Arabia.* Salamanca, 1512.

FERNÁNDEZ DE OVIEDO, Gonzalo. *Historia general y natural de las Indias* [Toledo, 1526]. Madri, 1851-1855.

FERNÁNDEZ DEL CASTILLO, Francisco. *Libros y libreros en el siglo XVI.* México: FCE, 1982.

FLEISHER, Cornell. Royal authority, dinastic cyclism and "Ibn Khaldunism" in sixteenth century Ottoman letters. *Journal of Asian and African Studies*, vol. 18, n. 3-4, p. 198-220, 1983.

FLETCHER, R. A. *Saint James's Catapult: The life and times of Diego Gelmírez of Santiago de Compostela.* Oxford: Oxford University Press, 1984.

FLORES, Xavier-A. (Ed.). *Le "Peso político de todo el mundo" d'Anthony Sherley, ou un aventurier anglais au service de l'Espagne.* Paris: SEVPEN, 1963.

FONSECA, Damião da. *Justa expulsión de los moriscos de España.* Roma, 1612.

FUCHS, Barbara. *Mimesis and empire. The New World, Islam and European Identities.* Cambridge: Cambridge University Press, 2001.

GALVÃO, António. *Tratado dos descobrimentos* [Lisboa, 1563]. Barcelos: Livraria Civilização Editora, 1987.

GARCÍA DE PALACIO, Diego. *Instrucción nautica para el buen uso y regimiento de las naos, su traça y govierno conforme a la altura de México.* México: Pedro Ocharte, 1587.

GARCIA ORO, J. *El cardenal Cisneros. Vida y Empresas*. Madri: BAE (t. 528), 1993.

GARCÍA, Gregorio. *Origen de los indios del Nuevo Mundo* [València: Pedro Patricio Mey, 1607]. México: FCE, 1981.

GARCÍA-ARENAL, Mercedes. Introdução. In: TORRES, Diego de. *Historia de los xarifes*. Madri: Siglo XXI, 1980.

GARIN, Eugenio. *La cultura filosofica del Rinascimento italiano. Ricerche e documenti*. Milão: Bompiani, 2001.

GAURICUS, Lucas [ou Luca Gaurico]. *Tratatus astrologicus*. Veneza, 1552.

GIL, Juan. *Mitos y utopías del descubrimiento*. I. *Colón y su tiempo*. Madri: Alianza Universidad, p. 195-217, 1989.

GIOVIO, Paolo. *Commentarii delle cose de Turchi*. Veneza: Figliuoli di Aldo, 1531.

GISBERT, Teresa. *Iconografia e mitos indígenas en el arte*. La Paz: Éd. Gisbert e Cia., 1980.

GIUNTINI, Francesco. *Speculum astrologiæ*. Lugduni [Lyon]: Ph. Tinghi, 1575.

GOFFMAN, Daniel. *The Ottoman Empire and Early Modern Europe*. Cambridge: Cambridge University Press, 2002.

GONZÁLEZ DE ESLAVA, Fernán. Colóquio de la batalla naval que el sereníssimo príncipe Don Juan de Austria tuvo con el Turco. In *Coloquios espirituales y sacramentales*. Othón Arróniz Báez (Ed.). México: El Colegio de México, 1998.

GONZÁLEZ DE MENDOZA, Juan. *Historia del gran reino de la China*. Roma, 1585.

GONZÁLEZ SÁNCHEZ, Carlos Alberto. *Los mundos del libro. Medios de difusión de la cultura occidental en las Indias de los siglos XVI y XVII*. Sevilha: Universidade de Sevilha, 2001.

GOODRICH, Thomas D. *The Ottoman Turks and the New World. A study of Tarih-i Hind-i garbi and Sixteenth Century Ottoman America*. Wiesbaden: Otto Harrassowitz, 1990.

GRAFTON, Anthony. *Cardano's Cosmos: The world and works of a Renaissance astrologer*. Cambridge (Mass.): Harvard University Press, 2000.

GRAZIANO, Frank. *The millennial New World*. Nova York, Oxford: Oxford University Press, 1999.

GREENLEAF, Richard E. *La Inquisición en Nueva España. Siglo XVI*. México: FCE, 1981.

GRUZINSKI, Serge. *Histoire de Mexico*. Paris: Fayard, 1996.

GRUZINSKI, Serge. *L'Aigle et la Sibylle. Fresques indiennes des couvents du Mexique*. Paris: Impremerie Nationale, 1992.

GRUZINSKI, Serge. *La pensée métisse*. Paris: Fayard, 1999.

GRUZINSKI, Serge. *Les hommes-dieux du Mexique*. Paris: Éditions des Archives Contemporaines, 1985.

GRUZINSKI, Serge. *Les quatre parties du monde. Histoire d'une mondialisation*. Paris: La Martinière, 2004.

GRUZINSKI, Serge. Von *Matrix* zu Campanella. Kulturelle Métissagen und Mondialisierungen. In: BADURA, Jens (Ed.). *Mondialisierungen. "Globalisierung" in Lichte tranzdisziplinärer Reflexionen*. Bielefel: Transcript Verlag, 2006. p. 103-122.

HAGEN, Gottfried. *Ein osmanischer Geograph bei der Arbeit. Entstehung und Gedankenwelt von Katib Celebis Gihannüma, Studien zur Sprache, Geschichte und Kultur der Türkvölker*. György Hazaiz (Ed.). Berlim: Klaus Schwarz Verlag, 2003.

HAMDANI, Abbas. Columbus and the Recovery of Jerusalem. *Journal of the American Oriental Society*, v. 99, n. 1, p. 39-48, Jan./Mar. 1979.

HAMDANI, Abbas. Ottoman response to the discovery of America and the new route to India. *Journal of the American Oriental Society*, v. 101, n. 3, p. 323-330, July/Sept. 1981.

HARRIS, Max. *Aztecs, Moors and Christians. Festivals of Reconquest in Mexico and Spain*. Austin: University of Texas Press, 2000.

HARVEY, L. P. *Muslims in Spain, 1500 to 1614*. Chicago e Londres: University of Chicago Press, 2005.

HEGYI, Ottmar. *Cervantes and the Turks: Historical reality versus literary fiction in "La Gran Sultana" and "El amante liberal"*. Newark, Delaware: Juan de la Cuesta, 1992.

HEIDEGGER, Martin. *Chemins qui ne mènent nulle part* [Holzwege, 1950]. Paris: Gallimard, col. "Tel", 2006.

HERRERA Y TORDESILLAS, Antonio de. *Historia de lo sucedido en Escocia*. Madri: Pedro Madrigal, 1589.

HERRERA Y TORDESILLAS, Antonio de. *Historia general de los hechos de los Castellanos en las islas i tierra firme del mar oceano*. Madri: Emprenta Real, 1601-1615. 7 vols.

HESS, Andrew C. Piri Reis and the Ottoman response to the voyages of discovery. *Terræ Incognitæ*, v. 6, p. 19-37, 1974.

HILL, Christopher. *Intellectual origins of English Revolution revisited*. Oxford: Clarendon Press, 1997.

HILL, Jonathan D. *Rethinking History and Myth. Indigenous South American perspectives on the past*. Urbana e Chicago: University of Illinois Press, 1988.

HONGRIE, Georges de. *Des Turcs*. Traduzido para o francês e editado por Joël Schnapp. Toulouse: Anacharsis, 2007.

IDRISI. *La première géographie de l'Occident*. BRESC, François; e NEFF, Annliese (Ed.). Paris: GF-Flammarion, 1989.

INALCIK, Halil. *An economic and social history of the Ottoman Empire*. v. I, 1300-1600. Cambridge: Cambridge University Press, 1997.

ISRAËL, Jonathan I. *Diasporas within a Diaspora, Jews, Crypto-Jews and the World Maritime Empires (1540-1740)*. Leyde (Holanda): Brill, 2002.JABOATÃO, António de Santa Maria. *Orbe seráfico novo brasileiro*. Lisboa, 1761; Rio de Janeiro: Instituto Histórico e Geográfico Brasileiro, 1856-1862.

JACKSON, Peter. *The Mongols and the West, 1221-1410*. Londres: Pearson Longman, 2005.

JARDINE, Lise; BROTTON, Jerry. *Global interests. Renaissance Art between East and West*. Londres: Reaktion Books, 2000.

JOHNSON, J. T. *The Holy War Idea in Western and Islamic Traditions*. University Park: Pennsylvania State University Press, 1997.

JOHNSON, J. T.; KELSEY, John (Ed.). *Cross, crescent and sword*. Nova York: Greenwood, 1990, citado in Andrew WHEATCROFT. *Infiéis. O conflito entre a Cristandade e o Islã*. São Paulo: Imago, 2005.

KAFADAR, Cemal. The Ottomans and Europe. In: BRADY JR., Thomas; OBERMAN, Heiko A.; TRACY, James D. (Ed.). *Handbook of European History, 1400-1600: Later Middle Ages. Renaissance and Reformation*, v. I. Leyde (Holanda): Brill, 1994. p. 589-635.

KAGAN, Richard L. *Lucrecia's dreams: Politics and prophecy in sixteenth-century Spain*. Berkeley: University of California Press, 1990.

KING, Willard F. *Juan Ruiz de Alarcón, letrado y dramaturgo. Su mundo mexicano y español*. México: El Colegio de México, 1989.

KOCH, Ebba. *Mughal art and imperial ideology. Collected Essays*. Oxford: Oxford University Press, 2001.

LEONARD, Émile G. *Histoire générale du protestantisme* (1961). Paris: PUF, col. Quadrige, t. I, *La Réformation*, 1961; t. II, *L'Établissement (1564-1700);* t. III, *Le déclin et le renouveau du protestantisme (XVIII*-*XX*ᵉ *siècle)*, nova ed. 1988.

LEÓN PINELO, Antonio de. *El paraíso en el Nuevo Mundo* [1650], prólogo de Raúl Porras Barrenechea, Comité del IV Centenario del Descubrimiento del Amazonas, Lima, 1943.

LEWIS, Bernard. *Islam and the West*. Oxford: Oxford University Press, 1993.

LEWIS, Bernard. *The Muslim discovery of Europe*. New York: W. W. Norton & Company, 2001.

LIBERA, Alain de. *Penser au Moyen Âge*. Paris: Le Seuil, 1991.

LITTRÉ, Émile. *Dictionnaire de la langue française*. 4 vols. e 1 suplemento, 1863-1873.

LLAGUNO, J. *La personalidad jurídica del indio y el II Concilio Provincial Mexicano (1585)*. México, Miguel Angel Porrúa, 1963.

LÓPES GUZMÁN, Rafael; MEDINA, Lázaro Gila; HENARES CUELLAS, Ignacio; TOVAR DE TERESA, Guillermo. *Arquitectura y carpintería mudejar en Nueva España*. México: Azabache, 1992.

LÓPEZ AUSTIN, Alfredo. Un repertorio de los tiempos en idioma náhuatl. *Annales de Antropología*, X, p. 285-296, 1973.

LÓPEZ DE GÓMARA, Francisco. *Primera y segunda parte de la Historia General de las Indias con todo el descubrimiento y cosas notables que han acaecido dende que se ganaron hasta el año de 1551. Con la conquista de México de la Nueva España*. Saragoça: Agustín Millán, 1552.

MALCOLM, Noel. The crescent and the City of the Sun: Islam and the Renaissance Utopia of Tommaso Campanella. Londres. *Proceedings of the British Academy*, vol. 125, p. 41-67, 2007.

MANGANI, Giorgio. Abraham Ortelius and the Hermetic Meaning of the Cordiform Projection, p. 59-83. *Imago Mundi*, L, 1998b.

MANGANI, Giorgio. La signification providentielle du "Theatrum orbis terrarium", p. 93-103. In: *Abraham Ortelius (1527-1598) cartographe et humaniste*, Turnhout, Bibliothèque Royale de Belgique / Musée Plantin Moretus / Brepols, 1998a.

MANTRAN, Robert (Ed.). *Histoire de l'Empire Ottoman*. Paris: Fayard, 1989.

MANTRAN, Robert. *Histoire d'Istanbul*. Paris: Fayard, 1996.

MARLOWE, Christopher. *Tamburlaine the Great*, 1590.

MARTÍNEZ, Enrico. Mapa de Nuevo México por el cosmógrafo Enrico Martínez [1600], AGI, Patronato 1-1, legajo 3/22, ramo 12.

MARTÍNEZ, Henrico. *Repertorio de los tiempos e historia natural de Nueva España*. Texto editado por Francisco de La Maza. Mexico, Secretaria de Educación Pública, 1958. (HM, nas notas).

MARTIRE D'ANGHIERA, Pietro. *Petris Martyris Angli mediolanensis opera. De Orbe Novo*. Sevilha: Jacob Cromberger, 1511.

MAS, Albert. *Les Turcs dans la littérature espagnole du siècle d'or: Recherches sur l'évolution d'un thème littéraire*. Paris: Centre de Recherches Hispaniques, 2 vols., 1967.

MATAR, Nabil. *Turks, Moors and Englishmen in the Age of Discovery*. Nova York: Columbia University Press, 1999.

MATHES, Valerie R. Enrico Martínez of New Spain. *The Americas*, vol. 33, n. 1, p. 62-77, July 1976.

MAZA, Francisco de la. *Enrico Martínez, cosmografo e impressor de Nueva España*. México: Secretaria de Educación Pública, 1943 (nova ed. México: UNAM, 1991).

MCINTOSH, Gregory. *The Piri Reis Map of 1513*. Atenas e Londres: The University of Georgia Press, 2000.

MECHOULAN, Henry. *Les Juifs d'Espagne. Histoire d'une diáspora, 1492-1992*. Paris: Liana Lévi, 1992.

MEDINA, José Toribio. *Historia del tribunal del Santo Oficio de la Inquisición en México*. México: Ediciones Fuente Cultural, 1952.

MEDINA, José Toribio. *La imprenta en México (1539-1821)*, t. I. México: UNAM, 1989.

MELLO, Laura de. *O diabo e a terra de Santa Cruz*. São Paulo: Companhia das Letras, 1987.

MENDIETA, Jerónimo de. *Historia eclesiástica indiana*. México: Miguel Angel Porrúa, 1971.

MERLE, Alexandra. *Le miroir ottoman. Une image politique des hommes dans la littérature géographique espagnole et française (XVIe-XVII ^esiècle)*. Paris: Presses de l'Université de Paris-Sorbonne, 2003.

MIKOS, Michæl J. Monarchs and magnates: Maps of Poland in the Sixteenth and Eighteenth Centuries. In: BUISSERET, David (Ed.). *Monarchs, Ministers and Maps, The emergency of Cartography as a tool of government in early modern Europe*. Chicago e Londres: University of Chicago Press, 1992.

MILHOU, Alain. *Colón y su mentalidad mesiánica en el ambiente franciscanista español*. Valladolid: Casa-Museo de *Colón* y Seminario Americanista, 1983. Tradução francesa: *Colomb et le messianisme hispanique*. Gap: Presses Universitaires de la Méditerranée, 2007.

MILHOU, Alain. De la destruction de l'Espagne à la destruction des Indes (Notes sur l'emploi des termes *destroyr, destruir, destruymento, destruición, destroydor* de la Primera Crónica General a Las Casas), p. 907-919. In: *Mélanges à la mémoire d'André Joucla-Ruau*. Aix-en-Provence: Université de Provence, 1978.

MILHOU, Alain. De la destruction de l'Espagne à la destruction des Indes: Histoire sacrée et combats idéologiques. In: *Études sur l'impact culturel du Nouveau Monde*. Paris: L'Harmattan, t. I, p. 25-47; t. III, p. 11-54, 1981-1983.

MILHOU, Alain. La tentación joaquinista en los principios de la Compañia de Jesús. El caso de Francisco de Borja y Andrés de Oviedo. *Florensia. Bolletino del Centro Internazionale di Studi Gioachimiti*, anno VIII-IX, p. 193-239, 1994/1995.

MIQUEL, André. *L'Islam et sa civilisation, VIIe-XXe siècle*. Paris: Armand Colin, 1977.

MIRAVAL, Blas Alvarez de. *La conservación de la salud del cuerpo y del alma*. Salamanca: Diego Cussio,1599.

MOMIGLIANO, Arnaldo. Redécouverte de Polybe en Europe Occidentale, p. 186-209. *Problèmes d'historiographie ancienne et moderne*. Paris: Gallimard, 1983.

MONCADA, Sancho de. *Restauración política de España* [1619]. Jean Vilar (Ed.). Madri: Instituto de Estudios Fiscales, 1974.

MONTERDE, Gerónimo. *Juicio según letras humanas y divinas de la destrucción del imperio otomano y Agareno, y recuperación de los santos lugares.*Valencia: Real Convento de Nuestra Señora del Carmen, de la Antigua, y Regular Observancia, Francisco Agrait (Ed.), 1684.

MORENO CORRAL, Marco A. La astronomía en el México del siglo XVII. *Ciencias*, 54, p. 52-59, abr./jun. 1999.

MORENO CORRAL, Marco A. La *Physica speculation*, primer libro de física escrito y publicado en el continente americano. *Revista Mexicana de Física*, v. 50, n. 1, p. 74-80, 2004.

MORGA, Antonio de. *Sucesos de las islas Filipinas* [México: Geronymo Balli, editor Cornelio Adriano Cesar, 1609]. Madri: Polífemo, 1997.

MOTA Y ESCOBAR, Alonso de la. *Descripción geográfica de los reinos de Nueva Galicia, Nuevo León y Nueva Viscaya.* México: Pedro Robredo, 1940.

MOTOLINÍA [Toribio Benavente, dito]: *Memoriales.* O'GORMAN, Edmundo (Ed.). México: UNAM, 1971.

NABOD [Naboid ou Naboth], Valentin. *Ennaratio elementorum astrologiæ.* Colônia, 1560.

NAVARRO, Bernabé. La *Physyca Speculatio* de fray Alonso de la Veracruz y la filosofía de la naturaleza o Cosmovisión Aristotélica en el Nuevo Mundo, p. 13-24. In: BEUCHOT. Mauricio; NAVARRO, Bernabé (Ed.). *Dos homenajes: Alonso de la Veracruz y Francisco Xavier Clavigero.* México: Instituto de Investigaciones Filosóficas, Cuadernos, 57, UNAM, 1992.

ORTELIUS BIBLIOGRAPHY – List of bibliographical sources mentioned in Ortelius map texts. Disponível em: <http://www.orteliusmaps.com/ortbib/OrtBibsources.htm>.

ORTELIUS, Abraham. *Teatro de la tierra universal.* Antuérpia: Plantin, 1588.

PARKER, Geoffrey. David or Goliath? Philip II and his World in the 1580's. In: PARKER, Geoffrey; KAGAN, Richard L. (Ed). *Spain, Europe and the Atlantic World. Essays in Honour of John H. Elliott.* Cambridge: Cambridge University Press, 1995. p. 245-266.

PARKER, Geoffrey. Maps and Ministers: the Spanish Habsburgs. In: BUISSERET, David (Ed.). *Monarchs, ministers and maps, the emergency of Cartography as a tool of government in early modern Europe.* Chicago e Londres: University of Chicago Press, 1992. p. 124-142.

PARKER, Geoffrey. *The World is not enough. The grand strategy of Felip II.* New Haven: Yale University Press, 1998.

PEDUZZI, Luiz O. Q. *Evolução dos conceitos da Física - Força e movimento: de Thales a Galileu.* Departamento de Física (Publicação interna), Universidade Federal de Santa Catarina, Florianópolis, 2008. Disponível em: <http://fisica.uems.br/praxedes/tales_galileu.pdf>.

PEREZ, Joseph. *Isabelle et Ferdinand, rois catholiques d'Espagne*. Paris: Fayard, 1988.

PERTUSI, Agostino. *Fine di Bisanzio e fine del mondo. Significato e ruolo storico delle profezie sulla caduta di Costantinopoli in Oriente e Occidente,* E. Morini (Ed.). Roma: Istituto Storico per il Medio Evo, 1988.

PETERSON, Jeanette Favrot. *The Paradise Garden Murals of Malinalco. Utopia and Empire in sixteenth century Mexico.* Austin: University of Texas Press, 1993.

PHELAN, John Leddy. *The Millenial Kingdom of the Fransciscans in the New World.* Berkeley: University of California Press, 1970.

PINHARANDA GOMES, Josué. *A história da filosofia portuguesa.* Tomo III, *A filosofia arábigo-portuguesa.* Lisboa: Guimarães Editora, 1991.

POETICARUM INSTITUTIONUM LIBER [...] collectore eiusdem societatis sacerdote qui eidem presidet congregationi Antonio Rubio præfecto. México: Heinrich Martin, 1605.

POLÍBIO. *Histoire* (sob a direção de François Hartog). Paris: Gallimard, 2003. (Col. "Quarto".)

POPELINIERE, Henri Lancelot Voisin de la. *Les Trois Mondes.* Anne-Marie Baulieu (Ed.). Genebra: Droz, 1997.

PRONTERA, Francesco. *Geografia e geografi nel mondo antico.* Bari: Laterza,1990.

PROSPERI, Adriano. *America e apocalisse et altri saggi.* Pisa, Roma: Istituti Editoriali Poligrafici Internazionali, 1999.

RAHMAN FAROOQI, Naimur. *Mughal-Ottoman relations: a Study of political and diplomatic relations between Mughal India and thed Ottoman Empire, 1557-1748.* Delhi: Idarah-I Adabiyat-I Delli, 1989.

RALEIGH, Walter. *History of the World.* Edinburgo: Archibald Constable and Co, 1820.

RAMUSIO, Giovanni Battista. *Discorso sopra il terzo volume delle Navigationi et Viaggi nel quale si contengono le navigationi al Mondo Nuovo.* Veneza: Stamperia Tommaso Giunti, 1556.

RAMUSIO, Giovanni Battista. Discours sur les épices. *Navigationi et Viaggi,* II. Veneza: Stamperia Tommaso Giunti, 1550.

RAMUSIO, Giovanni Battista. Tommaso Giunti alli lettori. *Navigationi et Viaggi,* I. Veneza: Stamperia Tommaso Giunti, 1563.

RANGEL, Nicolás. *Historia del toreo en México.* México: Editorial Cosmos, 1980.

REEVES, Marjorie. *The influence of prophecy in the Later Middle Ages.* Oxford: Clarendon Press, 1969.

REIS, João José. *Rebelião escrava no Brasil.* São Paulo: Companhia das Letras, 2003.

RESENDE, Garcia de. *Cancioneiro geral* [1516]. *Cancioneiro geral de Garcia de Resende.* Fixação do texto e estudo por Aida Fernanda Dias. Maia: Imprensa Nacional – Casa da Moeda, vols. I a IV, 1990-1993.

RICCI, Giovanni. *Ossessione turca. In una retrovia dell'Europa moderna*. Bolonha: Il Mulino, 2002.

ROBINSON, Cynthia. Mudejar revisited. a prolegoména to the reconstruction of perception, devotion and experience at the Mudéjar Convent of Clarisas, Tordesillas, Spain (fourteenth century A.D.). *Res*, 43, p. 51-77, primavera de 2003.

RODRÍGUEZ-SALA, María Luiza. *El eclipse de luna. Misión científica de Felipe II en Nueva España*. Huelva: Biblioteca Montaniana, Universidad de Huelva, 1998.

RODRÍGUEZ-SALA, María Luiza. *Letrados y técnicos de los siglos XVI y XVII*. México: UNAM & Miguel Angel Porrúa, 2002.

ROGERS, J. M. "The Gorgeous East": Trade and Tribute in the Islamic Empires. In: LEVENSON, Jay (Ed.). *Circa 1492: Art in the Age of Exploration*. New Haven: Yale University Press, 1991. p. 69-74.

RUBIÉS, Joan-Pau. *Travel and Ethnology in the Renaissance: South India through European eyes, 1250-1625*. Cambridge: Cambridge University Press, 2000.

SANCHEZ GARCÍA, Encarnación *et all*. (Ed.). *España y el Oriente islámico entre los siglos XV y XVI*. Istambul: Editorial Isis, 2007.

SANDE, Duarte de, S. J. *Diálogo sobre a missão dos embaixadores japoneses à Cúria Romana* [*De Missione Legatorum Iaponensium ad Romanam Curiam*, 1590]. Macau, Fundação Oriente/CTMCDP [Comissão Territorial de Macau para as Comemorações dos Descobrimentos Portugueses], 1997. [Edição revista e emendada: Prefácio, tradução e comentário de Américo da Costa Ramalho. Estabelecimento do texto latino de Sebastião Tavares de Pinho. Tomo I (Colóquios I-XVIII); Tomo II (Colóquios XIX-XXXIV), 790 p. Coimbra/Centro Científico e Cultural de Macau: Imprensa da Universidade de Coimbra, 2009].

SANDOVAL, Prudencio de. *Historia de la vida y hechos del emperador Carlos V máximo, fortísimo, Rey Católico de España y de las Indias, islas y tierra firme del mar Océano* [1604-1606]. Carlos Seco Serrano (Ed.). Madri: Atlas, 3 vols. (BAE, 80, 81, 82), 1955-1956.

SANSOVINO, Francesco. *Historia Universale dell'Origine, Guerre et Imperio de Turchi*. Veneza, 1564.

SANTOS ALVES, Jorge Manuel dos. *O domínio do norte de Samatra. A história dos sultanatos de Samudera-Pacém e de Achém, e das suas relações com os portugueses (1500-1580)*. Lisboa: Sociedade Histórica da Independência de Portugal, 1999.

SCHEFER, C. (Ed.). *Le Voyage et itinéraire de oultre mer faict par frere Jehan Thenaud*. Paris: E. Leroux, 1884.

SCHELL HOBERMAN, Luisa. Enrico Martínez, Printer and Engineer. In: SWEET, David; NASH, Gary (Ed.). *Struggle and Survival*. Berkeley: University of California Press, 1981. p. 331-346.

SCHMIDT, Benjamin. *Beyond innocence. The Dutch imagination and the New World, 1570-1670*. Cambridge: Cambridge University Press, 2001.

SCHURHAMMER, Georg. Una ipotesi sulla fine di Antonio Pigafetta. In: SZILAS, László (Ed.). *Gesammelte Studien: Orientalia*. Roma, 1963. p. 455-461.

SÊNECA. *Medeia*. São Paulo: Abril, 1973.

SEYYIDI 'ALI RE'IS. *al-Muhit* [O Oceano]. Tradução inglesa: *The Travels and Adventures of the Turkish Admiral Sidi Ali Reïs in India, Afghanistan, Central Asia and Persia During the Years 1553-1556*. Londres, 1899. Tradução francesa do turco otomano por J.-L. Bacqué-Grammot: *Le miroir des pays. Une anabase ottomane à travers l'Inde et l'Asie Centrale*. Arles: Actes Sud, Sindbad – La Bibliothèque Turque, 1999.

SHIRLEY, R. W. The mapping of the world. Early Printed World Maps 1472-1700. Londres: The Holland Press, Cartographic Series, vol. 9, 1983.

SILVERBLATT, Irene. Political Memories and Colonizing Symbols: Santiago and the Mountains Gods of Colonial Peru. In: HILL, Jonathan D. *Rethinking History and Myth. Indigenous South American perspectives on the past*. Urbana e Chicago: University of Illinois Press, 1988. p. 174-194.

SLOTERDIJK, Peter. *Esferas II: Globos. Macrosferología*. Madri: Siruela, 2004 [*Sphären II – Globen, Makrosphärologie*. Frankfurt am Main: Suhrkamp Verlag, 1999].

SUBRAHMANYAM, Sanjay. On World Historians in the sixteenth century. *Representations*, p. 26-57, n. 91, 2005b.

SUBRAHMANYAM, Sanjay. Taking stock of the Franks: South Asians views of European and Europe, 1500-1800. *The Indian Economic and Social History Review*, Nova Delhi, v. 42, n. 1, p. 69-100, 2005a.

SUBRAHMANYAM, Sanjay. The Viceroy as assassin: The Portuguese, the Mughals and Deccan Politics, c. 1600. *Santa Barbara Portuguese Studies*, v. II, Special Issue: The Portuguese and the Pacific II, p. 162-203, 1995.

SUESS, Paulo (Ed.). *A conquista espiritual da América espanhola. 200 documentos, século XVI*. Petrópolis: Vozes, 1992.

SWEET, David; NASH, Gary (Ed.). *Struggle and survival*. Berkeley: University of California Press, 1981.

TACHOT, Louise Bénat. L'Antiquité: obstacle ou auxiliaire pour la découverte du Nouveau Monde, p. 219-238. In: BÉNAT-TACHOT, Louise; GRU-ZINSKI, Serge (Ed.), *Passeurs culturels. Mécanismes de métissage*. Marne-la-Vallée: Presses Universitaires de Marne-la-Vallée; Paris: Éditions de la Maison des Sciences de l'Homme, 2001.

TAVARÉS, David Eduardo. Social reproduction of late postclassic ritual practices in early colonial Central Mexico. A seventh-century Nahua Devotional Miscellany: Fonds Mexicain 381. Famsi, Fundation for the Advancement of Mesoamerican Studies, Inc. Disponível em: <http://www.famsi.org/reports/96039/section03.htm>.

TEIXEIRA, Pedro: *Relaciones del origen, descendencia y successión de los reyes de Persia...* Antuérpia, 1610.

TORQUEMADA, Juan de. *Monarquía Indiana. De los veinte y un libros rituales y monarquía indiana, con el origen y guerras de los indios occidentales, de sus poblazones, descubrimiento, conquista, conversión y otras cosas maravillosas de la mesma tierra* [Sevilha, 1615]. México: UNAM, 1975-1983. 7 vol.

TORRES, Diego de. *Historia de los Xarifes.* Madri: Siglo XXI, 1980.

THORNTON, William. *New World Empire: Civil Islam, terrorism and the making of Neoglobalism.* Lanham, Rowman and Littjefield, 2005.

TOMAZ, Luis Filipe F.; SANTOS ALVES, Jorge Manuel dos. Da Cruzada ao Quinto Império, p. 81-165. In: *A memória da Nação.* Lisboa: Sá da Costa Editora, 1991.

TORRES BALBAS, Leopoldo. *Algunos aspectos del mudejarismo urbano medieval.* Madri: Real Academia de la Historia, 1954.

TRABULSE, Elias. *Historia de la ciencia em México.* Mexico: FCE, 1984.

VAINFAS, Ronaldo. *Antônio Vieira: jesuita do rei.* São Paulo: Companhia das Letras, col. Perfis brasileiros, 2011.

VALADÉS, Diego. *Rhetorica christiana* [Perugia, 1579]. México: FCE, 1989.

VALENSI, Lucette. *Fables de la mémoire. La bataille des trois rois.* Paris: Le Seuil, 1992.

VEINSTEIN, Gilles. L'Empire Ottoman depuis 1492 jusqu'à la fin du XIXe siècle, p. 361-387. In: MÉCHOULAN, Henry. *Les Juifs d'Espagne. Histoire d'une diaspora, 1492-1992.* Paris: Liana Lévi, 1992.

VIEIRA, António. *Cartas.* João Lúcio de Azevedo (Ed.). Coimbra: Imprensa da Universidade, 3 vols., 1925-1928.

VIEIRA, António. *Obras inéditas.* Lisboa: Ed. J.M.C. Seabra & T.Q. Antunes, 1856-1857.

VIKSNINS, Nicholas. The Early History of Latvian Books. Lituanus, Lithuanian Quarterly Journal of Arts and Sciences, vol. 19, n. 3, Fall 1973. Disponível em: <http://www.lituanus.org/1973/73_3_02.htm>.

VILANOVA, Arnau de. *De mysterio cymbalorum Ecclesiæ,* 1310.

VITORIA, Francisco de. *De jure belli.* Carlo Galli (Ed.). Bari: Laterza, 2005.

VITORIA, Francisco de. *Relectio de Indis. La questione degli Indios.* A. Lamacchia (Ed.). Bari: Levante Editori, 1996.

VIVERO, Rodrigo de. *Du Japon et du bon gouvernement de l'Espagne et des Indes.* Tradução francesa e apresentação de Juliette Monbeig. Prefácio de Fernand Braudel. Paris: SEVPEN, 1972.

VIVES, Luís. *De conditione vitæ christianorum sub Turca.* Bruges, 1526.

VIVES, Luís. *De Europæ dissidiis et bello turcico dialogus*. Bruges, 1527.

VOYAGEURS ARABES, *Ibn Fadlan, Ibn Jubayr, Ibn Battuta*. Paris: Gallimard, 1995. (Col. Bibliothèque de la Pléiade.)

WECKMANN, Luis. *La herencia medieval de México*. México: FCE, 2 v., 1984.

WEST, Delno C. Medieval Ideas of Apocalyptic Mission and the Early Franciscans in Mexico. *The Americas*, vol. XCLV, n. 3, p. 293-313, jan. 1989.

WHEATCROFT, Andrew. *Infiéis. O conflito entre a Cristandade e o Islã*. São Paulo: Imago, 2005.

YERASIMOS, Stéphane. De la collection de voyage à l'Historie universelle. La *Historia Universale de Turchi* de Francesco Sansovino. *Turcica*, vol. 22, p. 19-41, 1988.

YERASIMOS, Stephane. *La fondation de Constantinople et Sainte-Sophie dans les traditions turques*. Istambul e Paris: Iletisim Yayinlari, 1990.

ZARATE, Agustín de. *Historia del descubrimiento y conquista del Peru, con cosas naturales que senaladamenta alli se hallan, y los successos que ha avido...* Antuérpia, 1555.

ZEMBELLI, Paola (Ed.). *Stars and the end of the world in Luther's Time*. Berlim/Nova York: W. de Gruyter, 1986.

ZILLI, Luigia. Francesco Sansovino compilatore della Historia universale de Turchi, p. 49-63. In: ZILLI, Luigia (Ed.). *L'Europa e il Levante nel Cinquecento. Cose turchesche*. Pádua: Unipress, 2001.

ZUBILLAGA, Felix (Ed.). *Monumenta mexicana*. Roma: Institutum Societatis Jesus.

Este livro foi composto com tipografia Bembo e impresso
em papel Pólen Soft 80 g na Gráfica Edelbra.